8° M 17337 1

1915

Mercier, Désiré, Joseph (Cardinal)

Rapports officiels de la commission d'enquête...

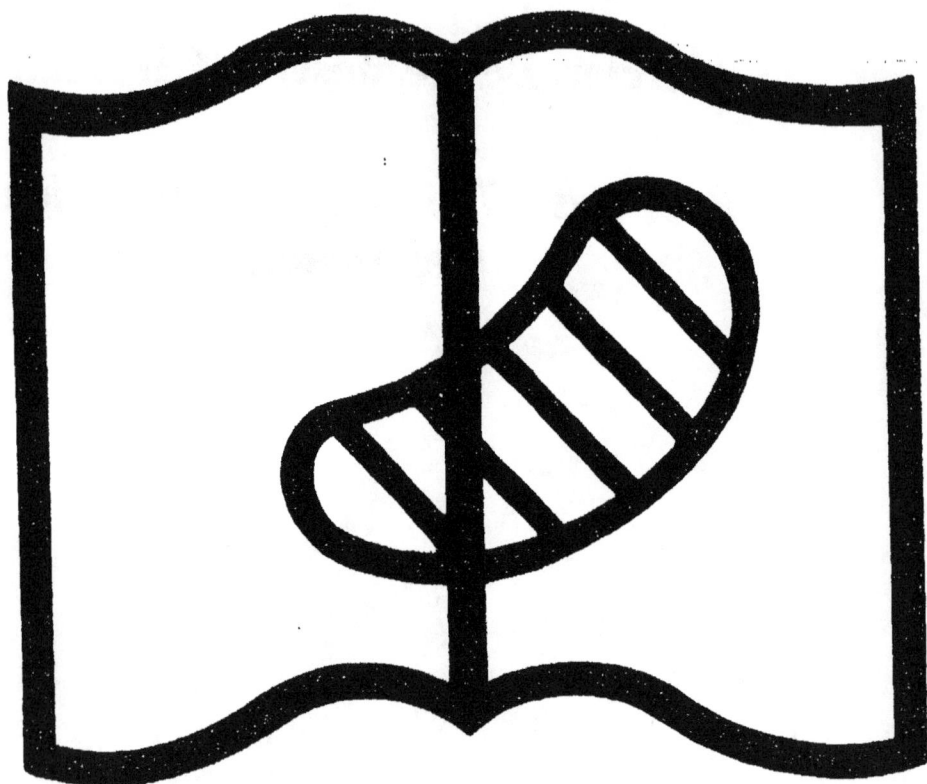

Symbole applicable
pour tout, ou partie
des documents microfilmés

Original illisible

NF Z 43-120-10

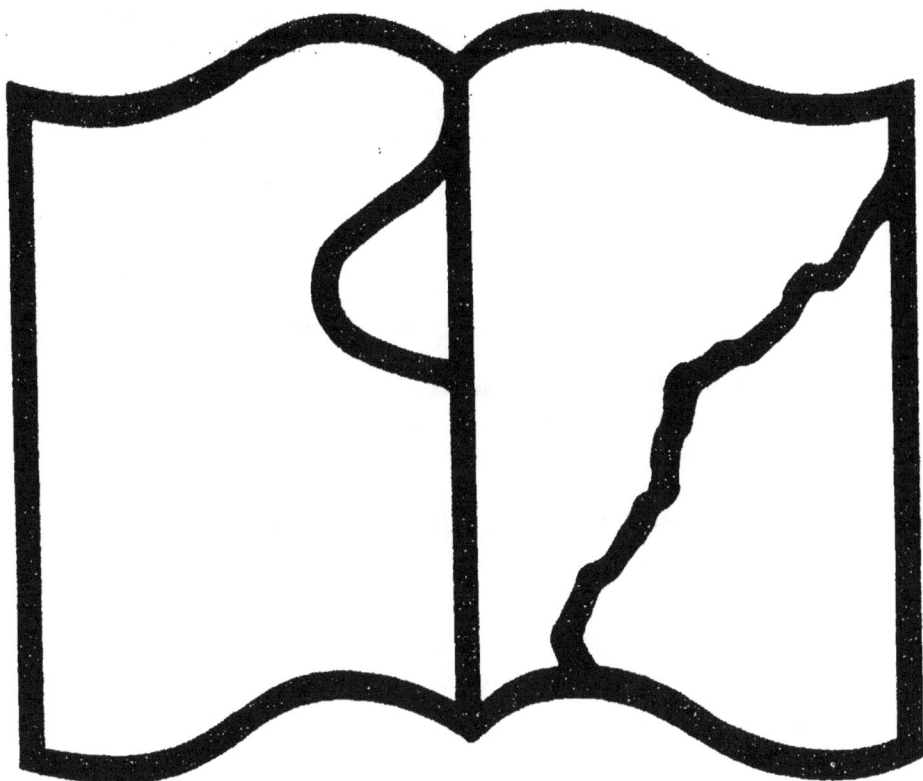

Symbole applicable
pour tout, ou partie
des documents microfilmés

Texte détérioré — reliure défectueuse

NF Z 43-120-11

LA
VIOLATION DU DROIT DES GENS
EN BELGIQUE

I. Rapports officiels de la Commission d'enquête sur la violation des règles
du Droit des gens, des lois et des coutumes de la guerre.

II. Extraits de la Lettre pastorale de S. Ém. le Cardinal MERCIER,
archevêque de Malines.

PRÉFACE DE M. J. VAN DEN HEUVEL
MINISTRE D'ÉTAT

Avec 5 planches hors texte

BERGER-LEVRAULT, LIBRAIRES-ÉDITEURS

PARIS
Rue des Beaux-Arts, 5-7

NANCY
Rue des Glacis, 18

1915

Prix : 1 fr. 25

RAPPORTS

SUR

LA VIOLATION DU DROIT DES GENS

EN BELGIQUE

RAPPORTS

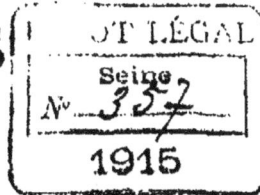

SUR LA

VIOLATION DU DROIT DES GENS

EN BELGIQUE

EXTRAITS DE LA LETTRE PASTORALE

de S. Ém. le Cardinal MERCIER, archevêque de Malines

PRÉFACE DE M. J. VAN DEN HEUVEL
MINISTRE D'ÉTAT

Avec 9 illustrations hors texte

BERGER-LEVRAULT, LIBRAIRES-ÉDITEURS

PARIS	NANCY
Rue des Beaux-Arts, 5-7	Rue des Glacis, 18

1915

PRÉFACE

Pro luce et pro jure.

Voici un livre d'horreurs. On y trouvera exposés, avec la froide sérénité d'un procès-verbal judiciaire, les plus abominables méfaits. C'est le relevé méthodique, dans sa poignante réalité, des crimes commis par les troupes allemandes à la suite de la résistance chevaleresque et héroïque du peuple belge. Nul ne le parcourra sans frémir d'épouvante. Et dire que l'enquête n'est pas terminée, qu'elle n'a pu atteindre diverses régions, que le tableau des carnages et des destructions n'est pas complet, qu'on ne connaît encore qu'une partie des faits! Le voile se lèvera davantage au fur et à mesure que la Belgique cessera d'être occupée; la liste funèbre des crimes et des forfaits sera encore notablement allongée.

Pour l'honneur de l'humanité et du vingtième siècle, on voudrait ne pas être obligé de croire à toutes les atrocités qui ont été commises, loin des champs de bataille, et pour ainsi dire dans les coulisses du théâtre de la guerre.

Hélas! le doute n'est pas permis. Ce livre est un résumé synthétique, clair et précis, de dépositions faites par des témoins immédiats qui ont vu, de leurs yeux vu, les faits qu'ils ont rapportés; plusieurs ont même enduré des tortures ou souffert dans le chef de ceux qui leur étaient le plus chers. Tous ont parlé le cœur oppressé et les yeux pleins de larmes.

Leur témoignage est confirmé par des preuves irrécusables.

Ce sont les ruines qui s'amoncellent le long des rues de nos villes et le long des routes de nos campagnes, particulièrement dans les régions de la Meuse, de Dinant à Hastière, et dans celles d'Aerschot, de Louvain, de Malines et de Termonde. Murailles écroulées, pignons branlants, pauvres pierres calcinées, autant de jalons de désolation qui marquent le chemin suivi par les hordes dévastatrices et meurtrières.

Ce sont les proclamations qu'ont fait afficher les commandants allemands et qu'on peut encore voir, à demi rongées par les flammes, sur les pans de mur des villes et des villages. Placards à lire pour connaître jusqu'où peut s'égarer l'erreur féroce des chefs, placards à méditer pour se rendre compte de l'esprit de sauvagerie, aveugle et impitoyable, qui dans beaucoup d'endroits s'est emparé des foules soldatesques et les a entraînées aux pires excès.

Toutes les dépositions ont été actées et soumises à un contrôle sévère par la Commission qu'a nommée au début de la guerre le ministre belge de la Justice. Cette commission a eu pour devoir d'instruire les faits commis en violation du droit des gens par les envahisseurs du pays. Elle a siégé à Bruxelles, à Anvers, au Havre; une délégation a siégé à Londres. Qu'on parcoure les noms de ceux qui la composent, on verra qu'ils attestent une haute compétence en même temps qu'une loyale impartialité.

Le Gouvernement avait souhaité voir des représentants des puissances neutres siéger dans cette cour d'enquête. Des ouvertures furent faites. Mais, arrêtées par un scrupule de réserve, les puissances pressenties crurent préférable de s'abstenir.

Les rapports de la Commission ont été successivement imprimés au cours de l'information. Ils ont été répandus dans le public. Cette diffusion avait un double but : celui de faire connaître la vérité et celui de susciter la contradiction en soumettant les dépositions à une contre-épreuve publique.

Aucun démenti précis et appuyé de preuves ne s'est produit. C'est là un point capital et qui n'échappera à la perspicacité d'aucun esprit éclairé, à quelque nation qu'il appartienne.

Les intellectuels allemands ont dit dans leur appel aux nations civilisées :

Il n'est pas vrai que nos soldats aient porté atteinte à la vie et aux biens d'*un seul citoyen belge* sans y avoir été forcés par la dure nécessité d'une défense légitime...

Il n'est pas vrai que nos troupes aient brutalement *détruit Louvain*...

Il n'est pas vrai que nous fassions la guerre au mépris du droit des gens. Nos soldats ne commettent ni actes d'indiscipline ni *cruautés*...

Ces dénégations émanent de savants fort distingués. Elles sont énergiquement formulées, et elles seraient de grande autorité si ces savants parlaient de faits qu'ils auraient constatés dans les limites de leur compétence, mais ils n'ont ni vu les lieux ni interrogé les témoins. Ils ont parlé uniquement de confiance et aveuglés par l'amour-propre patriotique. Leurs allégations, générales et superficielles, sont démenties par les constatations précises et détaillées de la Commission d'enquête; elles s'évanouissent devant des preuves matérielles et incontestables.

Que les intellectuels de tous les pays veuillent lire les rapports 4 et 5 qui exposent la situation d'Aerschot et de Louvain, ou le 11e rapport, — le plus douloureux de tous, — qui narre les événements d'Andenne, de Dinant et de Tamines; ils seront éclairés sur les terribles épisodes de la sanglante tragédie qui s'est déroulée en Belgique. Ils auront un frisson d'horreur et se sentiront l'âme navrée et bouleversée à la lecture des angoisses et des tortures qu'on a indignement fait subir à des milliers de gens paisibles, au récit de ces massacres répétés, de ces hécatombes d'innocents qui se perpétraient sous les yeux des femmes et des enfants. Les annales du monde comptent peu de pages plus sanglantes et plus honteuses.

*
* *

Ce qui frappe profondément dans ces abominations, c'est qu'elles ne sont point des actes isolés, commis dans la fièvre du combat, ou l'œuvre exceptionnelle de misérables dépourvus de tout sentiment humain. Les atrocités se sont répétées, laissant une traînée de sang à travers toutes les provinces. Elles ont un caractère uniforme. Elles sont les manifestations voulues d'un système aussi contraire à la voix de la conscience qu'aux dispositions formelles du droit des gens.

Le droit des gens! A tort beaucoup de personnes n'en parlent aujourd'hui qu'avec un dédain moqueur. Ce droit, disent-elles, est vague et il n'a pas de sanction. Qu'il n'ait pas de sanction suffisante, les événements ne le démontrent, hélas! que trop manifestement. Mais il est certain qu'il sort insensiblement du vague où il était longtemps demeuré. Il se dégage du brouillard et de l'indécis pour revêtir une forme nette et arrêtée. Trois grandes conférences lui ont fait faire des progrès énormes, et le monde a lieu de s'en féliciter.

C'est la Belgique qui a eu l'honneur d'être en 1874 le siège de la première réunion. Convoquée à l'initiative de l'empereur de Russie, cette conférence préparatoire se tint à Bruxelles. Treize États y participèrent. L'Allemagne y figurait. Son but était clairement défini par le délégué russe, le baron Jomini :

Il faut, disait-il, préciser dans une mesure pratique, par un accord général, ce que d'un côté les nécessités de la guerre comportent, et ce que d'un autre côté les intérêts solidaires de l'humanité excluent dans l'état présent de la civilisation et des rapports internationaux.....

Mettre les populations à l'abri des calamités inutiles et des cruautés gratuites qui enflamment les passions, c'est éviter des représailles et écarter des ressentiments qui rendent plus difficiles le retour à des relations pacifiques.

La Conférence de Bruxelles rédigea un projet de déclaration qui fut repris, mis au point et complété par les deux grandes Conférences de la Paix tenues à La Haye en 1899 et en 1907. Une grande œuvre se trouvait ainsi en partie réalisée. Divers moyens pacifiques étaient mis à la disposition des puissances pour régler à l'amiable leurs différends ; les arbitrages notamment étaient facilités par l'organisation d'une procédure très simple et la création d'organismes permanents. Les guerres terrestres et navales étaient désormais soumises à des règles conventionnelles. Ces heureux résultats ont permis de proclamer que les puissances avaient formé entre elles « une société d'assurance mutuelle contre les abus de la force en temps de guerre, afin de sauvegarder les intérêts des populations contre les grands désastres ».

Certes, dans la codification des dispositions du droit des gens qui constituent pour ainsi dire les statuts de cette société d'assurance mutuelle, il y a encore de nombreuses imperfections et de grandes lacunes. Le règlement de matières complexes et délicates ne peut, dès les premières heures, atteindre un achèvement définitif. Mais ce qui est certain, c'est qu'un progrès considérable a été accompli.

M. de Martens, le savant jurisconsulte russe, faisait

toutefois remarquer, déjà en 1899, qu'il ne suffit pas de formuler des textes et d'élaborer des conventions, qu'il faut s'assurer de leur observation. Quand juristes et diplomates sont d'accord, la partie n'est pas gagnée, il y a lieu encore de conquérir les hommes de guerre.

Les grands sentiments du cœur, disait de Martens, restent malheureusement très souvent un livre fermé au milieu des combats.

Nous devons élaborer dans un esprit de concorde, d'humanité et de justice, les bases uniformes des *instructions* que les gouvernements s'engageront à donner à leurs forces armées. C'est notre désir unanime que les armées des nations civilisées soient non seulement pourvues des armes les plus perfectionnées, *mais qu'elles soient également pénétrées* des notions du droit, de la justice et de l'humanité, obligatoires même sur le territoire envahi et même à l'égard de l'ennemi.

La déclaration de Bruxelles doit être plus qu'un acte international, ce doit être un acte d'éducation...

C'est de ce côté, quand l'heure de l'application a sonné, qu'est apparue la faiblesse des conventions de La Haye. L'esprit de ces conventions est un esprit d'humanité. Il n'a pas été compris des dirigeants allemands ; il n'a pénétré ni dans leurs instructions ni dans leur conduite. Faussé par l'obsession militariste, l'esprit des états-majors est tourné vers le culte de la force. Les conventions parlent du droit, les états-majors allemands de l'intérêt militaire. Les conventions cherchent à réduire à un strict minimum les maux de la guerre ; elles se préoccupent de la tranquillité des neutres, de la loyauté du combat, du respect des populations envahies et occupées. L'État-major allemand ne voit qu'une chose : assurer le triomphe. Il n'a égard aux neutres et aux populations envahies que dans la mesure où il redoute de ses actes de violence quelque contre-coup dangereux. De cette opposition entre l'esprit des conventions et l'esprit des chefs militaires, sont résultées les plus tristes conséquences.

Consciente de cette contrariété, la presse allemande a essayé de dégager l'honneur de son pays. Elle a soutenu que les dispositions de la cinquième Convention de La Haye relative à la neutralité et celles de la quatrième Convention relative au règlement de la guerre ne pouvaient être invoquées par la Belgique vis-à-vis de l'Allemagne. Ces dispositions, prétend-elle, ne sont applicables entre les puissances contractantes que si les belligérants sont tous parties aux conventions. Or, trois puissances : la Serbie, le Monténégro et la Turquie, n'ont pas ratifié les conventions de 1907 et par conséquent n'y sont point parties.

L'objection repose sur deux erreurs. Une erreur de fait : croire que la Belgique doit tenir compte de l'attitude de ces trois puissances, alors que celles-ci sont engagées dans des luttes distinctes. A raison de l'agression dont elle a été l'objet, la Belgique se défend contre l'Allemagne et l'Autriche; elle n'a contracté d'alliance ni avec la Serbie ni avec le Monténégro; jamais la Turquie ne lui a déclaré la guerre. On ne peut donc dire que ces trois puissances soient intervenantes dans le conflit que lui a créé l'invasion. Erreur de droit : croire que les dispositions admises à La Haye en 1907 et qui sont invoquées par la Belgique contre l'Allemagne, sont des dispositions nouvelles, créées en 1907, alors que ces dispositions sont de simples rééditions de règles antérieures, consacrées par l'usage, dictées par l'humanité, et qui doivent être respectées dans toutes les guerres entre nations civilisées.

L'Allemagne ne peut donc écarter ces lois de justice. C'est d'après ces lois qu'elle doit être jugée, car elle est responsable de tous les actes commis par les personnes faisant partie de sa force armée (Article 3 de la quatrième Convention). C'est au nom de ces lois qu'elle doit être condamnée.

* *

L'inviolabilité des neutres est prescrite par la cinquième Convention de La Haye, et le respect de cette convention est la garantie de leur sécurité quand le canon tonne à leurs frontières.

Art. 1. — Le territoire des puissances neutres est inviolable.

Art. 2. — Il est interdit aux belligérants de faire passer à travers le territoire d'une puissance neutre des troupes ou des convois, soit de munitions, soit d'approvisionnements.

Art. 5. — Une puissance neutre ne doit tolérer sur son territoire aucun des actes visés par l'article 2.

Art. 10. — Ne peut être considéré comme un acte hostile le fait par une puissance neutre de repousser, même par la force, les atteintes à sa neutralité.

La Belgique est neutre et elle a toujours conformé sa conduite à ses devoirs. Soutenir que dans ces dernières années elle aurait renoncé à la neutralité en s'alliant à l'Angleterre et à la France, est pure calomnie. La Belgique ne s'est jamais alliée à aucune nation; elle n'a conclu aucun accord, ni agressif ni défensif. Le 24 juillet 1914, le ministre des Affaires étrangères écrivait encore à tous les gouvernements étrangers que « la Belgique s'attacherait inébranlablement à remplir ses devoirs d'État neutre ». Le 1er août, le ministre de l'Intérieur notifiait à tous les bourgmestres que « la Belgique était décidée à défendre sa neutralité et qu'il fallait interdire toute manifestation de sympathie ou d'antipathie à l'égard de l'un ou de l'autre pays ». Résolue à observer en toute loyauté ses obligations, la Belgique est restée absolument libre jusqu'à la dernière minute. Même après avoir reçu l'ultimatum de l'Allemagne elle a voulu encore espérer contre tout espoir. Elle n'a fait appel à ses garants que lorsqu'elle eut vu son territoire envahi.

L'Allemagne devait respecter la neutralité belge. Elle y était tenue par un double lien conventionnel : par l'engagement spécial qu'avait pris la Prusse, en 1839, de garantir contre tous la neutralité belge, et par l'engagement général qu'avait pris l'Empire à La Haye, en 1907, de ne violer le territoire d'aucun État neutre. Au mépris de ces deux promesses solennelles, elle franchit la frontière de la Belgique le 4 août, dans le but de faire passer ses troupes et ses convois à travers le territoire belge et d'attaquer brusquement la France sur un front plus faible que les autres. Obligée de ne pas tolérer le passage, la Belgique s'oppose, elle résiste. L'Allemagne considère cette légitime défense comme un acte hostile, elle fait à la Belgique une impitoyable guerre.

La faute est si flagrante que l'Allemagne n'a d'abord plaidé sa cause qu'en exprimant des regrets. Elle a invoqué la « nécessité ». Voilà l'erreur et la contradiction prises sur le vif. Hier, dans son manuel sur *Les Lois de la guerre continentale*, le grand État-major allemand déclarait que « les belligérants doivent respecter l'inviolabilité des territoires neutres, s'abstenir de tout empiétement sur leur domaine, *même si les nécessités de la guerre l'exigeaient* » [1]. Aujourd'hui, les dirigeants ne tiennent plus pour fermes et absolus les engagements de respecter la neutralité; ils se plaisent à les interpréter comme s'ils laissaient à l'Allemagne la faculté de les rompre, chaque fois qu'ils gêneraient gravement l'exécution de ses plans militaires. Le droit du faible qui n'a pas le glaive assez long pour se faire respecter, est de la sorte livré à l'arbitraire de son cocontractant.

---

[1] *Les Lois de la guerre continentale*, trad. par P. CARPENTIER. Paris, 1904, p. 164.

Quel avertissement pour les États, petits ou grands, qui désirent conserver la paix, cherchent à localiser la guerre et à ne pas y être mêlés !

La neutralité est-elle un obstacle pour atteindre l'adversaire : l'Allemagne déverse son courroux sur celui qui la défend. Est-elle au contraire un rempart qui la protège : alors elle exige qu'on la fasse respecter et proteste contre celui qui tolérerait le moindre empiétement.

Le 4 août, à l'heure même où ses troupes pénétraient en Belgique, l'Allemagne répond à la Suisse qui lui avait notifié sa déclaration de neutralité :

Le Gouvernement impérial a pris connaissance de cette déclaration avec une satisfaction sincère et *il compte* que la Confédération, grâce à sa forte armée et *à la volonté inébranlable* du peuple suisse tout entier, *repoussera toute violation de sa neutralité.*

Quelques jours plus tard, un pli arrive à Péking, reprochant vivement à la Chine d'avoir laissé violer son territoire et sa neutralité par la traversée de certains régiments japonais en marche vers Tsing-tao. C'est l'Allemagne qui envoie cette menaçante protestation.

Voilà bien la double attitude d'une politique qui jette par-dessus bord la justice et les traités, qui n'a pour guide que son intérêt et qui, suivant les exigences variables de celui-ci, viole ou somme de respecter la neutralité.

Jusqu'au 27 août, la Belgique croyait qu'elle n'avait contre elle que l'Allemagne. Le 28, elle fut fort étonnée de recevoir une déclaration de guerre de l'Autriche-Hongrie. Cette déclaration était motivée par « le fait que les ressortissants autrichiens et hongrois se trouvant en Belgique, ont, sous les yeux des autorités royales, dû subir un traitement contraire aux exigences les plus primitives de l'humanité ». Comme le reproche n'avait rien de fondé, l'atti-

tude de l'Autriche restait une énigme. L'explication en fut
découverte quelques jours plus tard. Le 3 septembre, le
Gouvernement allemand publiait, en Belgique, une affiche
rédigée en style triomphant pour remercier solennellement
son alliée. « Lors de la prise des forts d'arrêt situés à Givet,
tout comme à Namur, disait l'affiche, les lourdes batteries à
moteurs envoyées par l'Autriche se sont distinguées. Elles
nous ont rendu d'excellents services. » Rapprochez les
dates : Namur a été pris le 24 août, la déclaration de guerre
de l'Autriche-Hongrie n'a été faite que le 28 août.

Les canons autrichiens passaient par conséquent la frontière et démolissaient nos forts, alors que le maintien à son
poste du ministre d'Autriche devait nous faire croire à la
continuation des relations amicales.

Pauvre neutralité ! On l'outrage, même en conservant
les formes diplomatiques qui endorment dans une fausse
sécurité.

*
* *

Si, en tête de ce livre, je dénonce la violation de la
neutralité belge, c'est que cette violation est la première
abomination en date, qu'elle est l'abomination originelle. Un
peuple inoffensif et tout à l'activité de la paix a été brusquement jeté, malgré lui, malgré les garanties promises,
dans les misères et les périls de la guerre. N'est-ce pas un
des plus grands méfaits qui se puisse commettre, que celui
de forcer à la lutte une nation qui remplit loyalement tous
ses devoirs, d'arrêter l'essor de ses arts, de son commerce,
de son industrie, de l'écraser sous des dépenses qui pèse-
ront lourdement sur plusieurs générations, d'amener toute
sa jeunesse sur les champs de bataille, de semer le deuil
au sein de toutes les familles, de ruiner ses villes et ses
campagnes ?

Au moment où s'accomplissait ce premier attentat, on devait croire que les troupes allemandes, préparées de longue date à la guerre et disciplinées comme elles le sont, allaient se conduire correctement. Il y avait lieu de penser que tous les officiers avaient reçu des instructions « conformes au Règlement de la guerre » annexé à la quatrième Convention de La Haye.

L'Allemagne n'avait-elle pas ratifié cette convention récemment et à deux reprises : en 1899, après la première Conférence de la Paix, et à nouveau, en 1907, après la deuxième? Les dispositions ainsi solennellement acceptées deux fois, ne devait-elle pas les avoir insérées dans le bréviaire de ses hommes de guerre? D'autant plus que, sur tous les théâtres, elle prétendait agir en puissance civilisée, soucieuse des lois de l'humanité, et qu'elle se flattait de tenir la bannière du progrès. N'était-ce pas aussi son intérêt? Elle ne pouvait se faire l'illusion d'obtenir des petits États et de l'opinion mondiale un pardon facile pour la violation de la neutralité belge. Pourquoi aggraver encore la situation? La prudence politique ne l'engageait-elle pas à restreindre autant que possible les conséquences irritantes et dommageables de son audacieuse violation du droit d'autrui?

Il n'en fut rien. Le premier crime, celui d'avoir déchaîné sur la Belgique le fléau de la guerre, fut suivi d'un second crime, celui de mener cette guerre en dehors de toutes les règles humanitaires. Avec la guerre l'Allemagne fit marcher d'un pas égal la cruauté et la barbarie.

L'article 23 du Règlement de La Haye formule pour le combat deux règles élémentaires, l'une d'humanité, l'autre de loyauté :

ART. 23. — Outre les prohibitions établies par des conventions spéciales, il est notamment interdit :

a) D'employer des armes, des projectiles ou des matières propres à causer des maux superflus.

(Par une *convention spéciale de 1899* les puissances se sont interdit l'emploi de balles qui s'épanouissent ou s'aplatissent facilement dans le corps humain, c'est-à-dire de balles dum-dum);

b) D'user indûment du pavillon parlementaire, du pavillon national et de l'uniforme de l'ennemi, ainsi que des signes distinctifs de la Convention de Genève.

Les deux règles ont été violées en divers endroits (Voir 7° rapport). Ici les Allemands font usage du drapeau belge pour s'emparer d'un officier (Aerschot, 4 septembre); là ils arborent le drapeau de la Croix-Rouge sur un bâtiment qu'ils occupent (Houthem, 25 août). — Ici ce sont des médecins, là ce sont des experts qui déclarent, les uns que les blessures soignées n'ont pu être faites que par des balles dum-dum (Gand, 30 septembre), les autres que les balles saisies sur un officier sont des balles expansives illicites (Anvers, 28 septembre). — Ici ce sont des blessés qui ont été indignement frappés. Ainsi, sur 22 carabiniers trouvés morts, le 25 août, dans un petit bois sur la route de Malines à Tervueren, 18 avaient été achevés à coups de baïonnette portés à la tête, les blessures des balles étaient insignifiantes. — Là ce sont des brancardiers et des médecins qui ont essuyé des coups de feu ou qui même ont été déportés à l'étranger. Ainsi, à Lovenjoul, le 7 août, les Allemands arrêtent et maltraitent des ambulanciers. Ils les relâchent, mais pour diriger sur eux le feu de leurs mitrailleuses au moment où ils reprennent leurs fonctions. Ainsi à Anvers, le 23 novembre, 24 médecins et 12 pharmaciens militaires belges sont arrêtés, envoyés en Allemagne et internés à Heidelberg (Voir 7° rapport).

Pour détourner l'indignation que soulèvent de tels actes, la presse allemande répand contre les femmes belges un odieux reproche, celui de crever les yeux des blessés. Aussitôt s'élève en Belgique une clameur de protestation. Les médecins des grands hôpitaux allemands sont interrogés; ils déclarent n'avoir rencontré aucun cas de semblable cruauté. Le *Vorwaerts,* l'organe principal du socialisme allemand, ouvre une information; il s'empresse, le lendemain, de reconnaître loyalement que le grief manque de preuve. Les autorités veulent en avoir le cœur net. Une commission officielle d'enquête est nommée à Berlin; elle recherche, entend des témoins, et, à l'unanimité, déclare n'avoir constaté aucun fait qui puisse être retenu à charge des femmes belges.

Avant de lancer dans le monde une accusation aussi grave, n'eût-il pas été nécessaire de s'assurer de son exactitude?

Si les Allemands n'ont pas toujours observé les règles qui concernent les combattants, ils ont bien plus souvent encore et bien plus gravement enfreint celles qui protègent les non-combattants. Leur cruauté à l'égard des habitants paisibles des régions attaquées ou envahies dépasse toute imagination. Malheureuse population sans armes, composée en grande partie d'êtres inoffensifs, de femmes, d'enfants, de vieillards, elle aurait dû être épargnée autant que le permet une lutte régulière. C'est elle qu'avaient principalement cherché à sauvegarder les législateurs de La Haye. C'est elle que va le plus durement frapper le soldat allemand. Les chefs, tantôt laisseront faire, tantôt commanderont eux-mêmes les plus indignes méfaits. Ils n'écouteront aucune prière, aucune supplication. Ils ne songeront pas que la fortune de la guerre a des retours. Ils n'auront que sarcasmes pour les malédictions des pères et des mères, ricanements pour les menaces des vengeances du ciel, dédain pour les grondements de révolte de l'opinion publique universelle. Nous assistons aux débordements d'une sauvagerie sans nom.

Combien de fois n'a-t-on pas fait fi des règles sur les

réquisitions édictées par le Règlement de La Haye? Ces règles sont formulées par l'article 32 :

Art. 32. — Des réquisitions en nature et des services ne pourront être réclamés des communes ou des habitants, que pour les besoins de l'armée d'occupation.

Ils seront en rapport avec les ressources du pays...

Les prestations en nature seront, autant que possible, payées au comptant ; sinon elles seront constatées par des reçus, et le paiement des sommes dues sera effectué le plus tôt possible.

Les trois règles ont été méconnues et le sont encore chaque jour.

Il faudrait payer au comptant ou donner des reçus précis. On ne paie que très rarement au comptant. Tantôt on donne des reçus sans indication de valeur ou en disant que l'on estimera la marchandise à Berlin. Tantôt on remet au pauvre cultivateur un chiffon de papier portant, en caractères allemands, quelques mots griffonnés et presque illisibles :

« Bon pour un seau d'eau, — pour un lapin, — pour être fusillé ! »

Il faudrait, et c'est une première limite importante, ne prescrire de réquisitions qu'en tenant compte des ressources du pays. On ne se soucie pas de ce point de vue. Sous prétexte de contribution de guerre, on met les trésors des communes à sec et puis on décide des impositions ruineuses.

Il faudrait, et c'est une seconde limite, également essentielle, ne faire de réquisitions que pour les besoins de l'armée occupante. On a une autre préoccupation. On veut que l'Allemagne souffre aussi peu que possible de la guerre et on extrait du pays envahi tout ce qui peut favoriser l'activité allemande. C'est ainsi qu'on a réquisitionné les chevaux reproducteurs brabançons en vue de transporter l'élevage dans les provinces rhénanes. C'est ainsi encore qu'on a réquisitionné dans les Flandres le guano, le nitrate afin de venir en aide aux cultivateurs allemands. L'industrie n'est pas plus épargnée que l'agriculture. Ainsi on a réquisitionné à Anvers les cuirs (10 millions), le caoutchouc (11 millions), le coton (13 millions). Ainsi encore on a réquisitionné les machines-outils de la fabrique d'armes, à Herstal, de l'usine Dyle et Bacalan, à Louvain, et les machines de nombreuses usines du pays de Charleroi (12 millions). C'est là non seulement appauvrir momentanément le pays, c'est le dépouiller de ce qui lui est indispensable pour conserver pendant l'occupation un certain reste de vie économique et pour se relever promptement au lendemain de la guerre.

Les bombardements irréguliers ne se comptent plus.

Le code d'humanité qu'est le Règlement de la guerre de La Haye contient trois articles à propos des bombardements :

Art. 25. — Il est interdit d'attaquer ou de bombarder, par quelque moyen que ce soit, les villes, villages, habitations ou bâtiments qui ne sont pas défendus.

Art. 26. — Le commandant des troupes assaillantes, avant d'entreprendre le bombardement et sauf le cas d'attaque de vive force, devra faire tout ce qui dépend de lui pour en avertir les autorités.

Art. 27. — Dans les bombardements, toutes les mesures nécessaires doivent être prises pour épargner, autant que possible, les édifices consacrés aux cultes, aux arts, aux sciences et à la bienfaisance, les monuments historiques, les hôpitaux et les lieux de rassemblement de malades et de blessés, à condition qu'ils ne soient pas employés en même temps à un but militaire.

Les trois articles ont été violés.

De multiples localités non défendues ont été soumises à

des bombardements terrestres et à des bombardements aériens. Ainsi, dans la nuit du 26 au 27 septembre, un zeppelin jette quatre bombes sur la ville de Deynze, ville ouverte et non défendue. Trois tombent sur le couvent des sœurs de Saint-Vincent-de-Paul où se trouvaient des malades, des orphelines, des réfugiés. — Des localités fortifiées et défendues ont été bombardées sans aucun avertissement. Ainsi, à Anvers, le 25 août et le 2 septembre, un zeppelin passe et repasse la nuit à quelques jours d'intervalle; il jette des bombes qui blessent quinze habitants et en tuent dix. La ville n'était pas investie; aucun avertissement n'avait été donné. — Enfin ailleurs les Allemands ont bombardé, pour ainsi dire à plaisir, des localités situées derrière le front qui leur fait face; ils ont détruit sans aucun égard des édifices que leur splendeur et leur affectation commandaient de respecter. Au mois de décembre, ils ruinent, à Ypres, la superbe église de Saint-Martin avec le beau cloître adjacent, les imposantes et magnifiques halles de la cité, chef-d'œuvre de l'art ogival primitif, témoin de la richesse des vieilles communes flamandes, expression d'un sentiment de force et de fierté, analogue à celui qu'expriment les monuments de l'orgueilleuse Sienne (Voir 7ᵉ rapport).

Presque partout des civils, des femmes, des enfants ont été saisis et obligés de marcher en avant-garde.

Le Règlement de La Haye était cependant formel :

Art. 23. — Il est interdit à un belligérant de forcer les nationaux de la partie adverse à prendre part aux opérations de guerre dirigées contre leur pays.

Art. 24. — Il est interdit à un belligérant de forcer la population d'un territoire occupé à donner des renseignements sur l'armée de l'autre belligérant ou sur ses moyens de défense.

Si l'on ne peut pas forcer un homme à tirer sur ses

concitoyens, on ne peut pas non plus le contraindre à protéger l'ennemi qui tire et à lui servir de bouclier vivant. Dans les deux cas ce serait l'obliger à des opérations de guerre contre ses propres nationaux, ce serait l'exposer au péril et lui faire la plus douloureuse des violences morales. Mais qu'importe à certains chefs allemands? Le 6 août, des soldats sont faits prisonniers par une colonne allemande; celle-ci rencontre, à Saive, une compagnie belge; les prisonniers sont aussitôt placés en tête afin d'arrêter le tir et de couvrir la colonne. Le 23 août, on fait précéder des femmes et des enfants la troupe qui doit atteindre le pont de Lives, en face de Biez : femmes et enfants sont blessés. On relève de multiples cas de cette odieuse pratique (Voir 7e rapport).

Un autre système, aussi généralement suivi, est celui des otages obligés de répondre de faits qui leur sont complètement étrangers.

Les chefs allemands partent de ce principe qu'un homme peut, à raison de sa situation notable dans une localité, être rendu responsable de tous les faits d'hostilité qui y sont tentés ou qui s'y commettent. Inutile de rechercher s'il a eu une part directe ou indirecte dans les actes dont l'autorité militaire se plaint; inutile d'examiner s'il aurait pu les empêcher, s'il était sur les lieux, s'il a été prévenu. Il est de la commune, il a certaine richesse, il a probablement quelque influence : cela suffit; il doit garantir l'ennemi et payer pour les autres de sa bourse et même de sa vie. C'est là une énormité qui révolte. La Convention de La Haye ne l'a pas défendue en termes exprès, mais elle renferme des dispositions diverses qui la condamnent.

Préambule de la Convention. — ... Dans les cas non compris dans les dispositions réglementaires adoptées, les populations et les belligérants restent sous la sauvegarde et sous l'empire du droit des gens, tel qu'il résulte des usages établis entre nations civilisées, des lois de l'humanité et des exigences de la conscience publique.

ART. 46. — La vie des individus doit être respectée.

La vie des otages n'est pas respectée. Ils sont fusillés sans avoir à leur charge la moindre faute personnelle. Comment les lois de l'humanité et la conscience publique pourraient-elles ratifier pareille exécution?

Qu'on lise les proclamations allemandes, on verra à quel point les commandants se jouent du respect de la vie humaine.

«Toutes les rues, dit la *proclamation* à Namur, seront occupées par une garde allemande qui prendra 10 otages dans chaque rue. Si un attentat se produit dans la rue les 10 otages seront fusillés.»

A Grivegnée, la *proclamation* rend les otages présents responsables de l'absence de ceux qui doivent les remplacer. « Après vingt-quatre heures, l'otage encourt la peine de mort si le remplacement n'est pas fait.»

Quelle qualification donner à cette prise d'otages qui prive d'honnêtes citoyens de leur liberté, les plonge eux et leurs familles dans d'indicibles angoisses et les menace du dernier supplice, au premier acte hostile commis soit par quelque écervelé, soit par une audacieuse reconnaissance de leur armée? Ce n'est pas une peine pour le passé : on ne peut reprocher aux otages une culpabilité. Ce n'est pas une garantie pour l'avenir : on n'est garant que de ce qu'on peut exécuter ou empêcher. Ce n'est en réalité qu'un tribut de souffrances prélevé sur l'élite d'une localité. Je ne connais pas de tribut plus douloureux et moins justifiable (Voir 2ᵉ, 6ᵗ et 8ᵉ rapports).

Mais les Allemands ne s'en prennent pas seulement à

quelques individualités; ils élargissent le cercle de leurs
victimes; ils englobent souvent dans une même solidarité,
soit une catégorie, soit la totalité des habitants d'une commune. Ils mettent en pratique le principe de la responsabilité
collective. Principe dangereux entre tous, qui permet facilement de redoutables abus, ouvre la porte aux exactions et
conduit directement aux atrocités les plus condamnables.
C'est la clef de la vie ou de la mort abandonnée à l'arbitraire.

Le danger avait été entrevu à la Conférence de La Haye
de 1899. On avait cru pouvoir le prévenir par un article
assez bref, commenté par quelques lignes du rapport.

ART. 50. — Aucune peine collective, pécuniaire ou autre, ne
pourra être édictée contre les populations à raison de faits individuels dont elles ne pourraient être considérées comme solidai-
rement responsables.

« En conséquence, disait M. Rolin dans son Rapport, les actes
strictement individuels ne pourraient jamais donner lieu à
répression collective par la perception d'une contribution extraordinaire, et il faut que la répression, s'exerçant sur la collectivité,
ait pour fondement la responsabilité tout au moins passive de
cette collectivité..... La règle est vraie, non seulement pour les
amendes, mais pour toute peine, pécuniaire ou non, que l'on prétend infliger à l'ensemble de la population. »

Jamais règle ne fut plus fréquemment violée.

Partout, pour se justifier, les Allemands ont allégué les
mêmes faits : « On a commis des actes d'hostilité!...On a
tiré sur nos troupes!... » Partout ils ont conclu aussitôt au
même droit, celui d'établir des peines collectives. Et ainsi
s'est déroulée à travers le pays une longue chaîne de forfaits : contributions excessives, destructions impitoyables,
exodes forcés et tueries barbares.

Or, les actes d'hostilité sont une légende créée de
toutes pièces.

Ce sont les premiers Allemands arrivés sur le terrain belge qui ont formulé cette accusation. Le reproche a été ensuite répété de rang en rang; la presse germanique l'a élevé au rang de vérité incontestable; et dès le lendemain de l'invasion, tout soldat allemand qui pénétrait en Belgique arrivait convaincu qu'il avait, pour se défendre, à frapper sans pitié, qu'il entrait dans un pays de sauvages, que tout coup de feu qu'il entendrait hors de la bataille devrait nécessairement être attribué à la population civile. Les vérifications étaient superflues. La présomption générale de culpabilité était établie. Chaque groupe partageait les mêmes pensées : c'était la mentalité de l'armée.

L'accusation était cependant bien invraisemblable. La population belge est d'humeur. paisible; elle a du calme et un grand sens pratique. Les autorités civiles l'avaient préparée, dès le début de la guerre, à l'attitude réservée qui s'imposait. Le ministre de l'Intérieur avait, le 4 août, fait envoyer aux 2.700 communes du royaume des instructions catégoriques. Les affiches disaient partout que « les lois de la guerre interdisent à la population civile de prendre part aux hostilités ». Les bourgmestres avaient recommandé de déposer les armes dans les commissariats de police ou dans les hôtels communaux. Les autorités religieuses avaient parlé dans le même sens que les autorités civiles.

Partout où je l'ai pu, a dit le cardinal Mercier dans son admirable lettre pastorale du 25 décembre 1914, j'ai interrogé les populations, le clergé, notamment un nombre considérable de prêtres qui avaient été déportés dans les prisons d'Allemagne et qu'un sentiment humanitaire, auquel je me plais à rendre hommage, a remis en liberté. Or, j'affirme sur l'honneur, et je suis prêt à déclarer sous la foi du serment, que je n'ai pas, jusqu'à présent, rencontré un seul ecclésiastique, séculier ou régulier, qui ait excité la population civile à se servir d'armes contre l'ennemi.

Tous au contraire ont obéi fidèlement aux instructions épisco-
pales qu'ils avaient reçues, dès les premiers jours d'août, et qui
leur prescrivaient d'user de leur influence morale auprès de nos
populations, pour les porter au calme et au respect des règle-
ments militaires.

Certes le Belge a un très profond patriotisme, mais il a
aussi beaucoup de bon sens; il réfléchit et quand, désarmé,
il s'est vu entouré de troupes ennemies, excitées et armées
jusqu'aux dents, il n'a pu être tenté un instant de verser
dans la folie de méconnaître les instructions si sages qui lui
avaient été données.

Si, malgré ces invraisemblances, les chefs allemands
veulent convaincre le monde de la présence, en Belgique,
de légions de francs-tireurs, ils doivent au moins apporter
des preuves de leurs allégations. D'autant plus qu'obligés
de reconnaître la triste réalité de leurs destructions, de
leurs massacres, ils apparaissent comme des accusés, dont
la matérialité du crime est établie.

Où sont leurs preuves?

Vous les chercheriez en vain. Elles n'existent nulle part.

De nombreux civils ont été impitoyablement fusillés,
dans des centaines de communes, malgré toutes leurs protestations d'innocence. Ils ont toujours énergiquement nié
que la population eût tiré; ils ont nié avec la même force
avoir eux-mêmes participé à quelque hostilité que ce fût.
Avant de les exécuter on devait s'assurer de la réalité des
coups de feu, et, s'ils étaient constatés, s'assurer aussi qu'ils
n'étaient point partis des troupes allemandes, soit par
inadvertance, soit au cours d'une de ces rixes qui se pro-
duisent si souvent au milieu des masses avinées; ou qu'ils
n'étaient point le fait de troupes régulières, appartenant à
l'armée belge ou aux armées garantes. Bref, des dénégations aussi formelles commandaient impérieusement de faire
de rapides enquêtes. Il n'y en a pas de trace. On s'est

contenté d'un bruit, d'une allégation, d'un on-dit. Quoiqu'on
ne fût pas pressé par l'ennemi, qu'on eût du temps devant
soi, pas d'informations régulières, pas de défense, pas de
jugement.

Il n'y a eu que des accusations et des condamnations.

Liebknecht, le député socialiste allemand, venu en Belgique fin août, faisait route en auto vers Louvain. Il arrive
à un endroit où régnait une agitation extraordinaire.

Les Allemands avaient trouvé trois de leurs soldats tués sur la
route, et ils accusaient des paysans d'avoir fait le coup. Les malheureux allaient être fusillés, lorsque Liebknecht s'interposa. Il
fit interroger les paysans belges et on acquit bientôt la preuve
que les trois soldats allemands avaient été tués par des carabiniers
belges (*L'Humanité*, 21 décembre 1914).

Sur le territoire de la commune de Brée, le 23 août,
des gendarmes en uniforme tirent sur des cyclistes allemands, en tuent un et en blessent deux. Le bourgmestre et
le doyen sont arrêtés. Un consul s'interpose heureusement,
et on laisse aux prévenus le temps de parler. Ils font observer que ce ne sont pas des civils qui ont tiré. Les officiers
reconnaissent que ce sont des gendarmes, mais ils prétendent que les gendarmes ne font pas partie de l'armée régulière belge. On leur répond que c'est une maréchaussée établie par la loi, formant un corps d'armée et même un corps
d'élite. Il a fallu huit jours de discussions, une protestation
du Gouvernement à Berlin et l'intervention bienveillante
d'une autorité neutre, pour garder la vie sauve au bourgmestre et au doyen.

Dès qu'on obtient un répit qui permet un examen, l'accusation des francs-tireurs s'évanouit. Malheureusement ce
répit n'a presque jamais été accordé. Les commandants qui
dirigent les armées envahissantes sont agités de mille préoc-
cupations, nerveux et ennemis de toute procédure. On peut

se rendre compte de leur état d'esprit et des dangers qu'il devait présenter lorsqu'on lit les proclamations rédigées à froid, dans une région tranquille et occupée depuis un mois, par un homme débarrassé des soucis du combat, par le baron von der Goltz, qui a occupé en Belgique le poste le plus élevé, celui de gouverneur général.

Proclamation du 25 septembre.

Dans les régions qui ne sont *pas actuellement occupées* par des troupes plus ou moins fortes, des convois de camions ou des patrouilles ont été attaqués par surprise par les habitants.

Un *registre* des villes et des communes, *dans les environs des*quelles de pareilles attaques ont eu lieu, est dressé, et elles auront à s'attendre à leur *châtiment*, dès que des troupes allemandes passeront à leur proximité.

Proclamation du 5 octobre.

Dans la soirée du 25 septembre la ligne du chemin de fer et le télégraphe ont été détruits sur la ligne Lovenjoul — Vertryck.

A l'avenir, les *localités les plus rapprochées* de l'endroit où de pareils faits se sont passés, peu importe *qu'elles en soient com*plices ou non, seront *punies sans miséricorde.*

Est-ce clair? Le rapport d'une patrouille arrive; il dénonce une attaque, un acte hostile et il désigne son endroit. La procédure est automatique. Les faits sont admis sans contradiction. Ne parlez pas maintenant de culpabilité, d'auteur, de complice. La question est plus facile à résoudre; il ne s'agit que de jeter un coup d'œil sur la carte. On porte sur le tableau noir les noms des localités rapprochées de l'endroit dénoncé. Il ne reste plus qu'à exécuter la sentence. Les soldats qui passeront par là au jour prochain n'ont pas à écouter des défenses ou des supplications. Ils ont mission de punir sans miséricorde : ce sont des bourreaux.

Oh! je sais que certains écrivains militaires ont préco-
nisé l'utilité du régime de la terreur pour le succès des
invasions. « Quand la guerre nationale a éclaté, écrivait le
général von Hartmann, le terrorisme devient un principe
militairement nécessaire (¹). » Glacée d'effroi, la population
civile, si elle n'est pas virilement trempée, s'empresse de
demander grâce, elle pèse sur l'énergie des combattants
pour éloigner ou faire céder la résistance, elle se résigne,
tremblante, à toutes les exigences et se laisse dépouiller
sans oser lever la tête. Le procédé doit sourire à ceux qui
croient pouvoir impunément pratiquer la tactique envahissante et ne pas avoir à redouter la réciprocité du traitement.

Les déductions de la doctrine sont faciles à suivre. On
part du principe erroné que la nécessité permet la violation
de tous les droits. On arrive vite aux conséquences les
plus extrêmes, une fois sur cette pente, qui est d'autant plus
dangereuse que l'on est souvent porté à confondre l'utilité
du moment avec la nécessité. De là le régime de la terrorisation et le système de la responsabilité collective, qu'on
déclare tous deux nécessaires pour le succès des opérations
militaires.

Le Dʳ Charles Strupp, un des plus récents auteurs
allemands du droit international, ne dit-il pas, dans un modèle de proclamation :

Toute la ville est coupable des actes de *chacun* de ses
habitants (*Das Landskriegsrecht*, 1914, p. 248) ?

Un formulaire allemand des armées en campagne donne
des modèles de lettres et de proclamations inspirées des
mêmes idées.

---

(1) *Militärische Nothwendigkeit* (*Deutsche Rundschau*, 1877-1878, p. 402).

En raison de la *destruction du pont* de F....., le village de F..... a été *immédiatement incendié...*

La circonscription paiera une contribution extraordinaire de *10 millions* de francs à titre d'amende. Le paiement sera exigé avec la plus grande *sévérité* (*L'Interprète militaire*, Berlin, 1906).

Pareille conduite de la guerre est assurément contraire à la morale, à l'humanité, au droit des gens. Et, pour ceux qui songent au lendemain, elle apparaît aussi comme une lourde faute politique. Elle sème et enracine une haine qui se transmet de génération en génération. Elle crée un abîme entre des voisins; elle prolonge la guerre des cœurs et des esprits bien au delà des traités de paix. Elle rend même souvent instable l'équilibre des États et fragiles les plus habiles combinaisons internationales.

C'est ce régime de terreur, si condamnable qu'il soit, qui a été pratiqué en Belgique par les troupes allemandes. Il répondait au dépit et à la colère qu'avait soulevés en Allemagne l'opposition de la Belgique. Mais au lieu de l'afficher franchement et cyniquement comme tactique de guerre, les chefs ont cru se mettre mieux à l'abri des reproches inévitables, en le dissimulant sous le manteau d'une mesure répressive. De là les accusations de francs-tireurs, réitérées partout dans les mêmes termes et toujours sans aucune preuve.

Les excès que cette tactique de terreur a produits sur le sol belge sont effrayants. La nation allemande rougira de honte le jour où ses yeux pourront s'ouvrir à la réalité, et de son sein s'élèvera, j'en suis persuadé, une formidable clameur d'indignation.

Citons d'abord les amendes arbitraires.

Un fil télégraphique est coupé, un agent de ville laisse échapper un prisonnier, aussitôt des amendes collectives sont prononcées sous la forme de contributions. Comme il ne s'agit pas ici d'une réparation dont le montant est fixé par l'importance du dommage, comme il n'y a ni barème, ni procédure, ni juge, le commandant décide à sa guise, suivant son humeur, suivant ses besoins, suivant le degré de terreur qu'il veut répandre.

Si le paiement ne se fait pas, l'autorité allemande menace des plus sévères sanctions. On peut multiplier les exemples. Ainsi, à Arlon, un fil téléphonique ayant été brisé, la ville eut quatre heures pour payer en or 100.000 francs. A défaut du paiement, 100 maisons seraient pillées. Quand on put apporter la somme, 47 maisons avaient déjà été mises à sac. Ainsi encore à Wavre : « La ville de Wavre sera incendiée et détruite, écrit le commandant, si le paiement de la contribution de guerre de 3 millions ne s'effectue pas à terme utile, sans égards pour personne, *les innocents souffriront avec les coupables.* » (Voir 6ᵉ, 8ᵉ et 11ᵉ rapports.)

N'est-ce pas la barbarie sanctionnant un scandaleux arbitraire ?

Le Règlement de la guerre annexé à la quatrième Convention de La Haye a veillé à la conservation de la propriété privée et de la propriété publique.

Art. 23. — Il est interdit.... de détruire des propriétés ennemies, sauf les cas où ces destructions seraient impérieusement commandées par les nécessités de la guerre.

Art. 46. — La propriété privée.... doit être respectée.

Art. 56. — ....Toute destruction d'établissements consacrés aux cultes, à la charité et à l'instruction, aux arts et aux sciences, de monuments historiques, d'œuvres d'art et de science est interdite.

Propriété privée et propriété publique doivent, d'après le règlement, être également respectées.

Il faudrait des pages et des pages pour citer les

endroits où elles ont été abîmées, détruites, non par la
poursuite des opérations de guerre, mais à titre de peine
collective. A Aerschot, ce sont des quartiers entiers de la
ville qui ont été brûlés ou jetés à bas; à Termonde et à
Dinant, ce sont les villes tout entières. A Termonde,
sur 1.400 maisons il n'en reste que 282; à Dinant 200
sur 1.400. Si des villes ont été traitées avec cette rigueur,
on comprend que de nombreux villages n'aient pas été
épargnés. Dans la province de Luxembourg plus de 3.000
maisons ont été incendiées (Voir 5ᵉ, 8ᵉ et 11ᵉ rapports).

Diverses régions sont désolées à ce point qu'on devrait
dire, en répétant la forte parole d'Isaïe, qu'elles sont devenues
des solitudes dans lesquelles les chiens refusent d'aboyer.

Écoutons la déposition du cardinal archevêque de
Malines, témoin oculaire des ruines de Louvain.

A Louvain, dit le cardinal dans sa lettre pastorale, le tiers de
l'étendue bâtie de la cité est détruit; 1.074 immeubles ont disparu; sur le territoire de la ville et des communes suburbaines,
Kessel-Loo, Hérent et Héverlé réunies, il y a un total de
1.823 immeubles incendiés. Dans cette chère cité louvaniste, dont
je ne parviens pas à détacher mes souvenirs, la superbe collégiale de Saint-Pierre ne recouvrera plus son ancienne splendeur;
l'antique collège Saint-Ives; l'École des Beaux-Arts de la ville;
l'École commerciale et consulaire de l'Université; les halles séculaires; notre riche bibliothèque, avec ses collections, ses incunables, ses manuscrits inédits, ses archives, la galerie de ses
gloires depuis les premiers jours de sa fondation, portraits des
recteurs, des chanceliers, des professeurs illustres, au spectacle
desquels maîtres et élèves d'aujourd'hui s'imprégnaient de
noblesse traditionnelle et s'animaient au travail : toute cette
accumulation de richesses intellectuelles, historiques, artistiques,
fruit de cinq siècles de labeur, tout est anéanti.

La destruction des immeubles a toujours été précédée
de la soustraction des meubles.

Quand jadis on voulait punir une place forte de sa résistance, on la livrait au pillage après l'assaut vainqueur. C'é-
tait le vol collectif, accompagné de violences dans les
maisons, suivi souvent d'orgies et de rixes dans les rues et
les casernes. Le soldat y perdait sa dignité; il devenait
moins discipliné; souvent même il était tenté d'imaginer
des actes hostiles pour obtenir la licence de dépouiller les
habitants des campagnes. C'est tout à la fois en vue de
défendre le droit de propriété et de sauvegarder le prestige
et la force des armées, que le pillage a été interdit par de
grands capitaines et proscrit par la civilisation moderne.

Le Règlement de la guerre formule et répète même
cette prohibition :

Art. 28.—Il est interdit de livrer au pillage une ville ou une
localité même prise d'assaut.

Art. 47.— Le pillage est formellement interdit.

Mais c'est en vain que les défenses ont été exprimées
avec force. Les chefs allemands n'en ont eu aucun souci.
Se couvrant du prétexte qu'il fallait punir les habitants
absents ou hostiles, ils ont livré au pillage un grand
nombre de maisons abandonnées ainsi que les localités
frappées de la peine collective de destruction. Ainsi en fut-
il à Aerschot, à Louvain, dans le Luxembourg et dans la
province de Namur.

Il est triste de constater que l'appât du pillage a gagné
même des officiers de rang élevé.

Dans tout ce désordre régnaient encore un certain ordre
et une étonnante discipline. Les chefs fixaient la limite des
pillages et des incendies. Quelques maisons portaient des
inscriptions d'immunité : elles étaient intangibles; on ne
pouvait ni les dévaliser, ni frotter leurs portes de soufre,
ni verser du pétrole sur leurs planchers, ni jeter des bombes

dans leurs caves. Il n'est pas de meilleure preuve de la
culpabilité du commandement que l'existence de ces oasis,
soigneusement respectées au milieu des allées et venues
d'une soldatesque enfiévrée, à deux pas d'autres immeubles
dépouillés de leur mobilier et livrés aux flammes dévastatrices (Voir 4ᵉ, 5ᵉ, 8ᵉ et 11ᵉ rapports).

Dans les localités condamnées, le pillage et l'incendie
sont ordinairement accompagnés d'une autre scène tragique
et écœurante : l'exode et la déportation.

Les commandants font en toute hâte sortir les habitants
de leur maison et ordonnent de les entraîner au loin. Ainsi,
à Louvain, un matin, on entend l'armée allemande tirer une
pétarade de coups de feu. Des soldats frappent aux portes.
Des milliers d'hommes, de femmes, d'enfants, de vieillards
à demi vêtus, expulsés de leur demeure, sont chassés sur
les grandes routes comme un vil bétail. Misérables exilés,
ils partent, marchant les mains levées, sans savoir où on les
mène, sans pouvoir même s'informer de la destinée qu'on
leur réserve! Après quelques heures les troupes s'arrêtent ;
elles abandonnent à leur misérable sort ces colonnes de
fugitifs, tremblant encore de frayeur et dépouillés de tout.

Presque toujours, lors de l'exode, un certain nombre
d'habitants, arbitrairement désignés par la mauvaise fortune,
sont séparés de leurs concitoyens, envoyés en Allemagne.
Ainsi plusieurs milliers d'innocents ont été déportés et sont
détenus à Munster-Lager et à Soltau. Contre tout droit ils
ont été conduits hors de leur pays et privés de leur liberté.
N'ayant jamais été combattants, ils ne peuvent être prisonniers de guerre ; n'ayant commis aucune infraction, ils ne
peuvent être prisonniers civils.

C'est l'arbitraire qui les retient et qui mesure la durée
de leur détention. Arbitraire qui prétend toujours trouver
sa justification dans l'exécution d'une peine collective et

qui, en réalité, n'a qu'une seule cause : la volonté de terroriser le pays envahi (Voir 2e, 3e et 5e rapports).

Mais on ne s'est pas borné à détruire des monuments
et à piller des demeures, à se servir de civils comme de
boucliers vivants et à expulser les habitants de leurs foyers;
on a sans pitié massacré des milliers d'individus de toutes
les classes de la société et de tous les âges. La Convention
de La Haye avait cru qu'il suffisait, pour protéger les exis-
tences dans les régions envahies, de rappeler une loi de
justice élémentaire :

ART. 46. — La vie des individus doit être respectée.

Ce précepte énergique et absolu que le christianisme
et la civilisation ont rendu sacré, a été foulé aux pieds par
les chefs allemands avec un mépris de l'espèce humaine qui
n'a jamais été dépassé. Ils ont fait des coupes sombres dans
la population la plus honnête et la plus tranquille.

Le 17 août, l'autorité militaire fait afficher à Hasselt une
ordonnance où il est dit :

Dans le cas où des habitants tireraient sur des soldats de
l'armée allemande, *le tiers de la population mâle* serait passé
par les armes.

Le commandant von Bulow fit à Liége, le 22 août, une
proclamation du même genre :

Les habitants de la ville d'Andenne ont fait une surprise traître
sur nos troupes.

C'est avec mon consentement que le général en chef a fait
brûler toute la localité et que *100 personnes* ont été fusillées.

Tirer sur les soldats, se livrer à une surprise traître ! Les
faits nous ont appris comment ces accusations qui surgissent

tout à coup, et que les habitants démentent avec la dernière
énergie, sont accueillies sans examen contradictoire et
mènent droit au pillage et à la mort.

Dans le Luxembourg, on arrive à un total de plus de
1.000 civils fusillés; les villages sont surtout éprouvés :
300 habitants sont exécutés à Ethe, 157 à Tintigny, 106 à
Rossignol. Dans la province de Namur, la furie meurtrière
sévit avec encore plus de rage. A Namur, 75 civils sont
passés par les armes; à Andenne et Seilles, 300; à Dinant,
le chiffre s'élève à plus de 700.

A Tamines, le 20 août, apparaît une patrouille allemande en reconnaissance avancée. Des soldats français et
belges l'accueillent par des coups de fusil. Elle se retire et
fait son rapport. La proclamation de von der Goltz nous
dit que dans pareille circonstance la commune est inscrite
sur le registre des châtiments à exécuter. Le 21 août au
soir, arrivent les troupes allemandes; elles pénètrent dans
les maisons, les pillent et y mettent le feu; 450 hommes
sont arrêtés le lendemain et, à 7 heures du soir, on les
masse devant l'église. Un détachement ouvre le feu, et
comme la tuerie ne marche pas assez rapidement, on fait
avancer une mitrailleuse. Les blessés qui se relèvent sont
immédiatement abattus. Des gémissements se font entendre,
les soldats y mettent fin à coups de baïonnette. Le lendemain, dimanche, un nouveau groupe d'hommes est arrêté.
On leur fait prendre des pelles; ils enterrent près de
400 morts : ce sont les cadavres de voisins, d'amis, de parents. Les femmes avaient été amenées devant cette fosse
commune, sur cette place sinistre, entourée de maisons en
ruines d'où s'échappaient encore de hautes flammes rouges
et crépitantes.

Hécatombes horribles que celles de ces centaines d'êtres
inoffensifs, réunis à la hâte sans qu'on se soit inquiété ni
des noms, ni de l'âge, ni de la condition, ni de la culpabi-

lité, frappés sans pitié et achevés, avec une férocité de
bêtes fauves, s'ils s'obstinent à ne pas vouloir mourir !

Le cardinal archevêque de Malines a commencé à faire
le relevé des morts de son diocèse.

Des centaines d'innocents furent fusillés; je ne possède pas au
complet ce sinistre nécrologe, mais je sais qu'il y en a, notamment, 91 à Aerschot.

Dans l'agglomération de Louvain et des communes limitrophes, 176 personnes, hommes et femmes, vieillards et nourrissons
encore à la mamelle, riches et pauvres, valides et malades, furent
fusillés ou brûlés.

Dans mon diocèse seul je sais que 13 prêtres ou religieux
furent mis à mort. L'un d'eux, le curé de Gelrode, est, selon
toute vraisemblance, tombé en martyr. J'ai fait un pèlerinage à
sa tombe, et entouré des ouailles qu'il paissait, hier encore, avec
le zèle d'un apôtre, je lui ai demandé de garder du haut du ciel
sa paroisse, le diocèse, la patrie.

Voilà des faits qui sont l'œuvre d'une brutalité inouïe,
qui sont la négation de l'humanité, de la justice et des
conventions solennellement acceptées (Voir 5e, 6e, 8e, 10e et
11e rapports).

*
* *

Des conclusions générales s'imposent.

C'est d'abord la protestation haute et ferme de la conscience publique outragée. Et la voici qui s'affirme non
seulement dans les pays adversaires de l'Allemagne, mais
aussi dans les nations neutres de l'Europe et du Nouveau-
Monde.

Mais ce doit être davantage. La protestation ne témoigne
que d'une foi morte, si elle se borne à d'éloquentes paroles, à une indignation fulminante. Elle ne prouve son
intensité, sa puissance que si elle se traduit par des actes
positifs.

Les conventions de La Haye n'ont été respectées, ni dans leur esprit, ni dans plusieurs de leurs dispositions essentielles. Quelle désillusion pour ceux qui s'imaginaient pouvoir trouver aujourd'hui, dans de semblables accords, un moyen commode de réaliser prochainement le rêve de la paix perpétuelle! Gardons-nous toutefois d'aller à l'autre extrême. N'allons pas considérer ces conventions avec dédain, comme des armes trouvées inefficaces dès la première grande expérience, rouillées avant d'avoir pu servir. Il ne faut croire, ni à l'impuissance irrémédiable, ni à la toute-puissance du système conventionnel de La Haye. Les raisons de la faiblesse des conventions qui ont été conclues, apparaissent clairement : ce sont de superbes constructions juridiques, mais incomplètes et dépourvues de contreforts.

Il faudrait combler les lacunes, fermer les fissures par lesquelles se glissent les abus criants. Ne devrait-on pas formuler des interdictions précises à propos des otages, des prisonniers civils, des représailles et de la scandaleuse doctrine de la solidarité collective? Ne pourrait-on pas limiter davantage l'emploi des moyens de guerre qui, dans l'état actuel de la science, atteignent et blessent plutôt les neutres et les non-combattants que les troupes belligérantes: l'usage des mines sous-marines et les bombardements aériens? Ne serait-il pas fort utile de proclamer que les neutres pourront, sans compromettre leur neutralité, faire partie, dans les deux camps, de commissions chargées d'enquérir sur les abus de droit commis par l'adversaire?

Enfin, puisque les puissances contractantes s'engagent dans la Convention sur les lois de la guerre à prescrire à leurs forces armées des instructions conformes au Règlement annexé, ne serait-il pas pratique de déclarer qu'à peine de se mettre lui-même au ban des nations, chaque État devra, dans un certain délai, déposer à La Haye les instruc-

tions données à ses troupes pour les informer de ce règlement et en imposer l'observation ?

Mais il ne suffirait pas de compléter l'œuvre de 1899
et de 1907. Il conviendrait d'aviser aux sanctions : c'est là
le problème le plus épineux. Encore que puissante, la
réprobation du sentiment général peut n'avoir aucune prise
sur certains États, à raison de la mentalité particulière dans
laquelle les gouvernants parviennent à entretenir la nation.
Les neutres vont-ils continuer à demeurer de simples spec-
tateurs des violations commises, passifs et presque indiffé-
rents, comme s'ils n'étaient point partie aux engagements
qui ont été signés, ainsi que l'observe justement M. Roose-
velt, et comme si la prévoyance ne leur commandait pas
de songer qu'ils peuvent être les victimes du lendemain ?

A côté de ces conclusions générales qui appellent des
réformes dans un avenir plus ou moins lointain, il est
nécessaire de mettre aussi en relief des conclusions parti-
culières pour la Belgique, si cruellement éprouvée et meurtrie.

Les atrocités commises sont l'explication et la justification du départ en masse de ses habitants. Quelque coura-
geuse et fermement attachée à son sol que soit la population
belge, elle a fui éperdue. N'ayant plus de toit, plus de cité,
poursuivie par la menace, par le fer et le feu, elle s'en est
allée demander un refuge au loin, à l'âme compatissante
et généreuse de la Hollande, de la France et de l'Angleterre.

Au jour le plus prochain possible, une triple sentence
devra être prononcée contre les auteurs des maux et des
outrages qui ont été commis :

Sentence de condamnation contre les dirigeants de la
guerre qui, au mépris de tout droit et de toute justice, ont
violé la neutralité de la Belgique et ont livré ensuite ce
pauvre pays à toutes les horreurs d'une sauvagerie sans
précédent.

Sentence de châtiment. Il ne suffit pas de mettre au pilori de l'Histoire les auteurs des atrocités qui ont été perpétrées, il faut constater contradictoirement leur identité, les traduire devant une justice régulière et leur faire subir la peine que méritent leurs actes.

Sentence de réparation. Lorsqu'il s'agira de régler les comptes, la Belgique devra être largement indemnisée. Les puissances garantes ont inscrit cette indemnité en tête de leurs revendications. Mais, hélas ! quel que soit son chiffre, la réparation sera toujours très insuffisante et incomplète. Que de pertes matérielles irréparables, pour les uns parce qu'ils ne retrouveront plus ce que leur a fait perdre l'arrêt de la vie économique, pour les autres parce qu'il leur sera impossible de fournir les preuves précises de ce qu'ils ont perdu dans le pillage, dans l'incendie, dans la fuite ! Que de pertes humaines irréparables ! On ne ressuscite pas les morts. Et qui comptera les blessés de la vie, ceux que les inquiétudes, les angoisses, les tortures ont vieillis ou ruinés dans la force et la fleur de l'âge ?

Quand cette longue et terrible guerre aura pris fin, la Belgique pourra fièrement regarder le passé et envisager l'avenir. Elle aura droit à tous les respects. A la couronne de la loyauté méritée par sa noble attitude, à la couronne de l'héroïsme conquise par sa petite armée sous la direction du plus vaillant des rois, elle aura joint la couronne du malheur, tressée par les souffrances de ses enfants.

J. Van den Heuvel,
Ministre d'État.

LA COMMISSION D'ENQUÊTE

———

La Commission d'enquête a été constituée, le 7 août 1914, dans les termes suivants, par M. CARTON DE WIART, ministre de la Justice :

De nombreuses violations des règles du droit des gens et des devoirs de l'humanité sont commises par les envahisseurs.

Elles ne peuvent rester sans protestation. Elles doivent être signalées à la réprobation du monde civilisé.

Un comité vient de se constituer à cette fin.

Il se propose de recueillir, de concentrer et d'examiner de la manière la plus impartiale et la plus attentive tous les faits dont il aura connaissance.

Les autorités civiles et militaires, les particuliers sont invités à lui signaler, avec tous les éléments qui peuvent en établir l'authenticité, les atteintes au droit des gens (*Moniteur belge* du 8 août 1914).

Une *première section* de la Commission a été nommée à Bruxelles.

Elle est composée comme suit :

Président.

M. VAN ISEGHEM, président de la Cour de cassation.

Membres.

MM. CATTIER, professeur à l'Université de Bruxelles ;
Nys, conseiller à la Cour d'appel de Bruxelles, professeur de droit international public à l'Université de Bruxelles ;
VERHAEGEN, conseiller à la Cour d'appel de Bruxelles ;
WODON, professeur à l'Université de Bruxelles.

Secrétaire.

M. GILLARD, directeur au ministère de la Justice.

Une *seconde section* a été nommée à Anvers, à la suite du

transfert du Gouvernement belge en cette ville (*Moniteur belge* du 23 août 1914).

Elle est constituée comme suit :

Président.

M. COOREMAN, ministre d'État, ancien président de la Chambre des représentants.

Membres.

MM. le comte GOBLET D'ALVIELLA, ministre d'État, vice-président du Sénat ;

RYCKMANS, sénateur ;

STRAUSS, échevin de la ville d'Anvers ;

VAN CUTSEM, président honoraire du tribunal de première instance d'Anvers.

Secrétaires.

MM. le chevalier ERNST DE BUNSWYCK, chef du cabinet du ministre de la Justice ;

ORTS, conseiller de légation de S. M. le roi des Belges.

La 2e section de la Commission a nommé une Délégation chargée d'enquêter à Londres auprès des nombreux réfugiés belges en Angleterre.

Cette Délégation se compose de :

Sir MACKENZIE CHALMERS, K. C. B., ancien sous-secrétaire d'État pour le Home Department, ancien membre du Conseil des Indes, *président ;*

MM. DE CARTIER DE MARCHIENNE, envoyé extraordinaire et ministre plénipotentiaire de S. M. le roi des Belges ;

Henri LAFONTAINE, sénateur ;

Henri DAVIGNON, docteur en droit, *secrétaire.*

La Commission d'enquête a, jusqu'ici, rédigé douze rapports. Les dépositions sur lesquelles elle s'est basée seront publiées dès que les noms pourront être livrés à la publicité sans inconvénient pour les témoins.

———

RAPPORTS

COMMISSION D'ENQUÊTE

SUR LA

VIOLATION DES RÈGLES DU DROIT DES GENS

DES LOIS ET DES COUTUMES DE LA GUERRE

PREMIER RAPPORT

Sac d'Aerschot. — Environs d'Aerschot
Schaffen. — Rethy.

Anvers, le 28 août 1914.

A Monsieur CARTON de WIART, Ministre de la Justice.

Monsieur le Ministre,

La Commission d'enquête sur la violation des règles du droit des gens, des lois et des coutumes de la guerre, après une instruction impartiale et attentive, croit pouvoir dégager les constatations suivantes :

Il résulte de témoignages précis et concordants que, dans toute la région d'Aerschot, les Allemands ont commis de véritables

atrocités. Une grande partie de la population avait été épou-
vantée. Sur leur passage, les troupes allemandes incendiaient
les fermes, les maisons et les meules, abattaient à coups de feu
les citoyens inoffensifs qu'ils trouvaient sur les routes ou qui tra-
vaillaient dans les champs.

A Hersselt, au nord d'Aerschot, 32 maisons du village ont été
incendiées ; le meunier et son fils qui fuyaient et 21 autres personnes ont été tuées, alors qu'aucune troupe belge n'était en vue.

Les troupes allemandes ont pénétré dans Aerschot, ville de
8.000 habitants, le mercredi 19 août, dans la matinée. Aucune
force belge ne s'y trouvait plus. Dès leur entrée, les Allemands
ont incendié plusieurs maisons et, dans la rue du Marteau, fusillé
cinq ou six habitants qu'ils avaient fait sortir de leurs demeures.
Dans la soirée, prétextant qu'un officier supérieur allemand avait
été tué sur la Grand'Place par le fils du bourgmestre, ou, suivant
une autre version, qu'un complot contre le commandant supérieur
avait été tramé par le bourgmestre et sa famille, les Allemands
se sont emparés de tous les hommes qui se trouvaient dans Aerschot ; ils en ont de suite conduit une cinquantaine à quelque
distance de la ville, les ont groupés par séries de quatre hommes
et, les faisant successivement courir devant eux, les ont abattus à
coups de feu et achevés à coups de baïonnette. Plus de quarante
ont été ainsi massacrés.

Ils ont mis la ville au pillage, dérobant dans les habitations
tout ce qu'ils pouvaient prendre, fracturant les meubles et les
coffres-forts. Le lendemain ils ont mis en rangs de trois les autres
bourgeois qu'ils avaient arrêtés la veille ; dans chaque rang, ils
ont pris un homme sur trois. Ils ont conduit ceux-ci, avec le
bourgmestre d'Aerschot, M. Tielemans, son fils, âgé de quinze
ans et demi, et son frère, à environ 100 mètres de la ville, et les
ont fusillés.

Ils ont ensuite contraint les autres habitants d'Aerschot à creuser des fosses, où leurs victimes furent enterrées.

Pendant trois jours, ils continuèrent à piller et à incendier.

Environ 150 habitants d'Aerschot doivent avoir été massacrés.

La plus grande partie de la ville est totalement détruite ; les
Allemands ont tenté cinq fois de mettre le feu à la grande église,
dont l'intérieur a été saccagé. Toutes les archives de la commune
ont été emportées.

Les ambulanciers de la Croix-Rouge, revêtus du brassard de la Croix-Rouge, n'ont pas été respectés. L'un d'entre eux rapporte que les troupes allemandes ont tiré sur lui, alors qu'il ramassait les blessés et que le tir a continué, bien qu'il eût montré son brassard. De plus, pendant toute la journée du 19, alors qu'il faisait son service à l'hôpital, il a été menacé et brutalisé. Un officier allemand, notamment, l'a pris par la tête et a appuyé sur son front le canon de son revolver. Un brancardier, fils du receveur communal, portant les insignes de la Croix-Rouge, a été tué rue de l'Hôpital, dans la soirée du 19 août, par les Allemands.

Il résulte de tous les témoignages que la population civile d'Aerschot n'a en rien participé aux hostilités, qu'aucun coup de feu n'a été tiré par elle ; tous les témoins sont d'accord pour signaler l'invraisemblance de la version allemande suivant laquelle le fils du bourgmestre, enfant de quinze ans et demi, d'une nature extrêmement paisible, aurait tiré sur un officier supérieur allemand dans la soirée du 19 août. Plus invraisemblable encore est la version du complot organisé par le bourgmestre. Ils font observer que si — ce qu'ils ignorent — un officier allemand a été atteint sur la Grand'Place, il aurait pu l'être par une balle égarée, les soldats allemands tiraillant à ce moment dans les rues avoisinantes pour effrayer la population.

Le bourgmestre, homme fort calme, avait prévenu à diverses reprises ses concitoyens, par des affiches et par des circulaires adressées à tous les habitants, de ce qu'en cas d'invasion ils devaient s'abstenir de tout acte hostile. Les affiches se trouvaient encore apposées lors de l'entrée des Allemands et elles leur ont été montrées.

Les troupes allemandes qui traversèrent les localités situées en deçà d'Aerschot, se livrèrent aux mêmes horreurs. Elles tiraillaient sur les citoyens qui fuyaient, incendiaient et pillaient les habitations, tout cela sans provocation.

A Rotselaer, environ quinze maisons ont été incendiées. Un officier allemand, s'adressant à un habitant dont la maison brûlait, a voulu lui faire déclarer, en le menaçant de son revolver, que l'incendie avait été allumé par les Belges. Et comme cet habitant protestait, faisant remarquer que les Belges avaient quitté la région depuis la veille, cet officier déclara que, si les Allemands avaient mis le feu, ce ne pouvait être que parce que les habitants avaient probablement tiré; ce qui, ici encore, est contredit par tous les témoins.

Là aussi, les troupes allemandes pillèrent tout ce qu'elles trouvèrent sur leur passage.

La Commission n'a pu réunir jusqu'ici de témoignages d'habitants de Diest et de Tirlemont, villes qui ont été occupées les 18 et 19 août 1914 et avec lesquelles les communications sont coupées.

Mais un habitant de Schaffen, village voisin de Diest, a déclaré que les mêmes abominations ont été commises dans la localité et dans les communes limitrophes, Lummen et Molenstede. La région a entièrement été ravagée. Des troupes allemandes, à une heure de distance de Diest, avaient commencé leur œuvre de destruction, le long de la chaussée de Diest à Beeringen. Se dirigeant sur Diest, elles incendièrent tout ce qu'elles rencontrèrent sur leur passage, fermes, maisons, meules. Arrivés au village de Schaffen, les Allemands y mirent le feu, massacrant les rares personnes qu'ils trouvaient encore dans les maisons ou dans les rues.

Le témoin nous cite les noms et adresses de 18 personnes qu'il sait avoir été massacrées.

Parmi elles, se trouvent :

L'épouse de François Luyckx, âgée de quarante-cinq ans, avec sa *fille de douze ans*, qui furent découvertes dans un égout et fusillées ;

La fille du nommé Jean Ooyen, *âgée de neuf ans, qui fut fusillée ;*

Le nommé André Willem, âgé de vingt-trois ans, sacristain, qui *fut lié à un arbre et brûlé vif ;*

Le nommé Reynders (Joseph), âgé de quarante ans, tué avec son petit-neveu, *âgé de dix ans ;*

Les nommés Lodts (Gustave), âgé de quarante ans, et Marken (Jean), âgé aussi de quarante ans, *probablement enterrés vivants...*

Le témoin a déclaré qu'il avait procédé lui-même à l'exhumation de ces deux derniers, qu'il a enterrés ensuite au cimetière de la commune.

Le village de Rethy, près de Turnhout, a été l'objet de dévastations et de fusillades, dans la journée du 22 août, par 17 cavaliers allemands qui avaient pénétré dans le village. Une jeune fille de quinze ans a été tuée par un coup de feu.

Des faits plus affreux encore, s'il est possible, ont été commis par les troupes allemandes, par suite de la défaite que leur a fait subir l'armée belge devant Malines. La ville de Louvain, avec ses richesses artistiques et scientifiques, n'a pas été épargnée. De nouveaux rapports vous parviendront à bref délai.

Les Secrétaires,   *Le Président,*

(s) Chevalier ERNST DE BUNSWYCK,   (s) COOREMAN.
ORTS.

DEUXIÈME RAPPORT

Sac de Louvain. — Environs de Louvain
et de Malines.

Anvers, le 31 août 1914.

A Monsieur CARTON de WIART, Ministre de la Justice.

Monsieur le Ministre,

La Commission d'enquête a l'honneur de vous faire le rapport suivant sur des faits dont la ville de Louvain, les localités avoisinantes et la région de Malines ont été le théâtre :

L'armée allemande pénétra dans Louvain le mercredi 19 août, après avoir incendié les villages par lesquels elle avait passé.

Dès leur entrée dans la ville de Louvain, les Allemands réquisitionnèrent des logements et des vivres pour leurs troupes. Ils se rendirent dans toutes les banques privées de la ville et s'y firent remettre l'encaisse. Des soldats allemands fracturèrent les portes des maisons abandonnées par leurs habitants, les pillèrent et s'y livrèrent à des orgies.

L'autorité allemande prit des otages : le bourgmestre de la ville, le sénateur Van der Kelen, le vice-recteur de l'Université catholique, le curé-doyen de la ville ; des magistrats et des échevins furent aussi retenus. Toutes les armes détenues par les habitants, jusqu'aux fleurets d'escrime, avaient été remises à l'administration communale et déposées par ses soins dans l'église Saint-Pierre.

Dans un village avoisinant, Corbeek-Loo, une jeune femme, âgée de vingt-deux ans, dont le mari se trouvait à l'armée, fut surprise le mercredi 19 août, avec divers de ses parents, par une bande de soldats allemands. Les personnes qui l'accompagnaient furent enfermées dans une maison abandonnée, tandis qu'elle-même fut entraînée dans une autre habitation où elle fut successivement violée par cinq soldats.

Dans le même village, le jeudi 20 août, des soldats allemands cherchèrent dans leur demeure une jeune fille de seize ans environ et ses parents. Ils les conduisirent dans une propriété abandonnée et, pendant que quelques-uns d'entre eux tenaient en respect le père et la mère, les autres pénétraient dans l'habitation dont la cave avait été ouverte et forçaient la jeune fille à boire. Puis ils la menèrent sur une pelouse devant l'habitation et la violèrent successivement. Comme elle continuait à opposer de la résistance, ils lui percèrent la poitrine à coups de baïonnette. La jeune fille, abandonnée par eux après ces actes abominables, fut reconduite chez ses parents, et le lendemain, à raison de la gravité de son état, administrée par le curé de la paroisse et conduite à l'hôpital de Louvain. Elle était à ce moment en danger de mort.

Les 24 et 25 août, les troupes belges, sortant du camp retranché d'Anvers, attaquèrent l'armée allemande qui se trouvait devant Malines.

Les troupes allemandes furent refoulées jusqu'à Louvain et Vilvorde.

Pénétrant dans les villages qui avaient été occupés par l'ennemi, l'armée belge trouva tout le pays dévasté. Les Allemands en se retirant avaient ravagé et incendié les villages, emmenant les habitants mâles qu'ils poussaient devant eux.

Entrant dans Hofstade le 25 août, les soldats belges trouvèrent le cadavre d'une vieille femme qui avait été tuée à coups de baïonnette ; elle avait encore en mains l'aiguille avec laquelle elle cousait lorsqu'elle fut frappée ; une femme et son fils, âgé de quinze ou seize ans environ, gisaient, transpercés de coups de baïonnette ; un homme avait été pendu.

A Sempst, village voisin, se trouvaient les cadavres de deux hommes partiellement carbonisés. L'un d'eux avait les jambes coupées à la hauteur des genoux; l'autre avait les bras et les jambes coupés. Un ouvrier, dont plusieurs témoins ont vu le cadavre calciné, avait été frappé à coups de baïonnette. Encore vivant, les Allemands l'avaient enduit de pétrole et jeté dans la maison à laquelle ils mirent le feu.

Une femme, sortant de sa maison, avait été abattue de la même façon.

Un témoin, dont la déclaration a été reçue par M. Edward Hertslet, fils de Sir Cecil Hertslet, consul général de la Grande-Bretagne à Anvers, déclare avoir vu, non loin de Malines, le 26 août, lors de la dernière attaque des troupes belges, un vieillard attaché par les bras à une poutre du plafond de sa ferme. Le corps était complètement carbonisé; la tête, les bras et les pieds étaient intacts. Plus loin, un enfant d'environ quinze ans était attaché les mains derrière le dos, le corps complètement lardé de coups de baïonnette. De nombreux cadavres de paysans gisaient dans des positions de pardon, les bras levés ou les mains jointes.

Le consul de Belgique dans l'Uganda, engagé volontaire dans l'armée belge, rapporte que partout où les Allemands ont passé le pays est dévasté. Les quelques habitants qui sont restés dans les villages racontent des horreurs commises par l'ennemi. C'est ainsi qu'à Wackerzeel, sept Allemands auraient violé consécutivement une femme et l'ont ensuite tuée. Dans le même village, ils ont déshabillé jusqu'à la taille un jeune garçon, l'ont menacé de mort en plaçant un revolver sur sa poitrine, l'ont piqué avec des lances, l'ont ensuite chassé dans un champ et ont tiré après lui sans l'atteindre.

Partout ce ne sont que ruines et dévastations. A Bueken, de nombreux habitants, dont le curé, âgé de plus de quatre-vingts ans, ont été tués.

Entre Impde et Wolverthem, deux soldats belges blessés étaient couchés près d'une maison qui brûlait. Des Allemands ont jeté ces deux malheureux dans le brasier.

Les troupes allemandes, repoussées par nos soldats, entrèrent en pleine panique dans Louvain, le 26 août, à la tombée du jour. Divers témoins nous affirment qu'à ce moment la garnison allemande qui occupait Louvain fut prévenue erronément de ce que l'ennemi pénétrait dans la ville. Elle se dirigea immédiatement en tiraillant vers la station où elle se rencontra avec les troupes alle-

mandes refoulées par les Belges qui venaient de cesser la poursuite. Tout semble démontrer qu'un contact se produisit entre
les régiments allemands.

Dès ce moment, prétendant que des civils avaient tiré sur leurs
soldats, ce qui est contredit par tous les témoins et ce qui n'eût
guère été possible puisque les habitants de Louvain, depuis plusieurs jours, avaient dû remettre leurs armes aux autorités communales, les Allemands commencèrent à bombarder la ville. Le
bombardement dura jusque vers 10 heures du soir. Puis les
Allemands mirent le feu à la ville. Là où l'incendie n'avait pas
pris, les soldats allemands pénétraient dans les habitations et
jetaient des grenades incendiaires dont certains semblent pour-
vus. La plus grande partie de la ville de Louvain, spécialement les
quartiers de la ville haute, comprenant les bâtiments modernes,
la cathédrale de Saint-Pierre, les Halles universitaires, avec toute
la bibliothèque de l'Université, ses manuscrits, ses collections,
le théâtre communal, étaient dès ce moment la proie des flammes.

La Commission croit devoir insister, au milieu de toutes ces
horreurs, sur le crime de lèse-civilisation que constitue l'anéantis-
sement délibéré d'une bibliothèque académique qui était un des
trésors de notre temps.

De nombreux cadavres de civils jonchaient les rues et les places.
Sur la seule route de Tirlemont à Louvain, un témoin en a compté
plus de cinquante. Sur le seuil des habitations se trouvaient
des cadavres carbonisés d'habitants qui, surpris dans leurs caves
par l'incendie, avaient voulu s'échapper et étaient tombés dans le
brasier. Les faubourgs de Louvain ont subi le même sort. On
peut affirmer que toute la région située entre Louvain et Malines
et la plupart des faubourgs de Louvain sont presque anéantis.

Un groupe de plus de soixante-quinze personnes, qui comprenait
diverses personnalités de la ville, et parmi lequel se trouvaient le
père Coloboet et un autre prêtre espagnol ainsi qu'un prêtre américain, a été conduit, dans la matinée du mercredi 26 août, sur la
place de la Station ; les hommes ont été brutalement séparés de
leurs femmes et de leurs enfants et, après avoir subi les traitements
les plus abominables et été menacés à diverses reprises d'être fusillés, ont été conduits devant le front des troupes allemandes jusqu'au village de Campenhout. Ils ont été enfermés dans l'église du
village où ils ont passé la nuit. Le lendemain, vers 4 heures, un

officier allemand les prévint qu'ils pouvaient se confesser et
qu'ils seraient fusillés une demi-heure plus tard. Vers 4ʰ30
on les mit en liberté. Peu après, ils furent arrêtés de nouveau
par une brigade allemande, qui les força à marcher devant elle
dans la direction de Malines. Répondant à une question d'un des
prisonniers, un officier allemand déclara qu'on allait leur faire
goûter de la mitraille belge devant Anvers. Ils furent enfin
relâchés, le jeudi après-midi, aux portes de Malines.

Il résulte d'autres témoignages que plusieurs milliers d'habitants mâles de Louvain, qui avaient échappé aux fusillades et à
l'incendie, ont été dirigés sur l'Allemagne dans un but que nous
ignorons.

L'incendie a continué pendant plusieurs jours. Un témoin
oculaire, qui le 30 août dernier a quitté Louvain, expose l'état de
la ville à ce moment :

« A partir de Weert-Saint-Georges, je n'ai rencontré, dit-il, que
des villages brûlés et des paysans affolés, levant à chaque rencontre les bras en signe de soumission. Toutes les maisons
portaient un drapeau blanc, même celles qui avaient été incendiées, et on en voyait des lambeaux pendant sur les ruines.

« A Weert-Saint-Georges, j'ai interrogé les habitants sur les
causes des représailles allemandes et ils m'ont affirmé de la façon
la plus absolue qu'aucun habitant n'avait tiré, que les armes
avaient, d'ailleurs, été préalablement déposées, mais que les
Allemands s'étaient vengés sur la population de ce qu'un militaire belge, appartenant au corps de la gendarmerie, avait tué
un uhlan.

« La population restée à Louvain est réfugiée dans le faubourg
de Héverlé, où elle est entassée, la population ayant d'ailleurs été
chassée de la ville par les troupes et l'incendie.

« Un peu au delà du collège américain, l'incendie a commencé,
et la ville est *entièrement* détruite, à l'exception de l'Hôtel de
Ville et de la gare. Aujourd'hui, d'ailleurs, l'incendie continuait,
et les Allemands, loin de prendre des mesures pour l'arrêter, paraissent entretenir le feu en y jetant de la paille, comme je l'ai
constaté dans la rue joignant l'Hôtel de Ville. La cathédrale, le
théâtre sont détruits et effondrés, de même que la bibliothèque ;
la ville présente, en somme, l'aspect d'une vieille cité en ruines, au milieu de laquelle circulent seulement des soldats ivres,

portant des bouteilles de vin et de liqueurs, les officiers eux-
mêmes étant installés dans des fauteuils autour de tables et bu-
vant comme leurs hommes.

« Dans les rues pourrissent au soleil des chevaux tués, déjà
complètement enflés, et l'odeur de l'incendie et de la pourriture
est telle que cette odeur m'a poursuivi longtemps. »

La Commission n'est pas parvenue jusqu'ici à recueillir des
renseignements sur le sort du bourgmestre de Louvain, ni sur
celui des notables retenus en otage.

Des faits qui lui ont été signalés jusqu'à présent, la Commission
croit pouvoir tirer les conclusions suivantes :

Dans cette guerre, l'occupation est suivie systématiquement,
parfois même précédée et accompagnée de violences contre la
population civile, qui sont également contraires aux lois conventionnelles de la guerre et aux principes les plus élémentaires de
l'humanité.

La façon de procéder des Allemands est partout la même. Ils
s'avancent le long des routes en fusillant les passants inoffensifs,
particulièrement les cyclistes, et même les paysans occupés sur
leur passage aux travaux des champs.

Dans les agglomérations où ils s'arrêtent, ils commencent par
réquisitionner les aliments et les boissons qu'ils consomment
ensuite jusqu'à l'ivresse.

Parfois, de l'intérieur des maisons inoccupées, ils tirent des
coups de fusil au hasard et déclarent que ce sont les habitants
qui ont tiré. Alors commencent les scènes d'incendie, de meurtre
et surtout de pillage, accompagnées d'actes de froide cruauté qui
ne respectent ni le sexe ni l'âge. Là même où ils prétendent
connaître le coupable des faits qu'ils allèguent, ils ne se bornent
pas à l'exécuter sommairement, mais en profitent pour décimer
la population, piller toutes les habitations, puis y mettre le feu.

Après un premier massacre exécuté un peu au hasard, ils enfer-
ment les hommes dans l'église de la localité, puis ordonnent aux
femmes de rentrer chez elles et de tenir ouverte, pendant la nuit,
la porte de leurs demeures.

Dans plusieurs localités, la population mâle a été dirigée sur
l'Allemagne, pour y être contrainte, paraît-il, à exécuter les travaux de la moisson, comme aux jours de l'esclavage antique. Les
cas sont nombreux où l'on force les habitants à servir de guides, à

exécuter des tranchées et des retranchements pour les Allemands. De nombreuses dépositions attestent que, dans leurs marches, ou même leurs attaques, les Allemands mettent au premier rang des civils, hommes et femmes, afin d'empêcher nos soldats de tirer. D'autres témoignages d'officiers et de soldats belges attestent que des détachements allemands ne se gênent point pour arborer, soit le drapeau blanc, soit le drapeau de la Croix-Rouge, afin d'approcher nos troupes sans défiance. Par contre, ils tirent sur nos ambulances et maltraitent nos ambulanciers. Ils maltraitent, même achèvent nos blessés. Les membres du clergé semblent devoir être spécialement l'objet de leurs attentats. Enfin, nous avons en notre possession des balles expansives abandonnées par l'ennemi à Werchter et nous possédons des certificats médicaux attestant que des blessures ont dû être infligées par des balles de ce genre.

Les documents et dépositions sur lesquels s'appuient ces constatations seront publiés.

Les Secrétaires,   *Le Président,*

(s) Cher ERNST DE BUNSWYCK,   (s) COOREMAN.
ORTS.

TROISIÈME RAPPORT

Sac de Louvain. — Sac de Visé.
Environs de Louvain, de Malines et de Vilvorde.

Anvers, le 10 septembre 1914.

A Monsieur CARTON de WIART, Ministre de la Justice.

Monsieur le Ministre,

Les deux rapports que la Commission a eu l'honneur de vous adresser, sous les dates des 28 et 31 août dernier, relataient plus particulièrement, le premier, les événements survenus à Aerschot et dans la région avoisinante, le second, la destruction par les troupes allemandes d'une partie de la ville de Louvain.

Afin de compléter son rapport du 31 août, la Commission croit devoir signaler qu'il est confirmé que, dans les journées qui ont suivi l'incendie de Louvain, les maisons demeurées debout, dont les habitants avaient été chassés par l'envahisseur, ont été livrées au pillage sous les yeux des officiers allemands. Le 2 septembre, un témoin a encore vu les Allemands mettre le feu à quatre maisons.

Un autre fait qui souligne le caractère implacable du traitement infligé à la population paisible de Louvain, a été également établi : le 28 août, une foule de 6.000 à 8.000 personnes, hommes, femmes et enfants, de tout âge et de toutes conditions, a été conduite sous escorte d'un détachement du 162e régiment d'infanterie allemande, au manège de la ville, où ces infortunés ont passé toute la nuit. L'exiguïté du local était telle, eu égard au nombre des occupants, que ceux-ci ont dû demeurer debout, endurant de si grandes souffrances, qu'au cours de cette nuit tragique plusieurs femmes ont été frappées de folie et que des enfants en bas âge sont morts dans les bras de leur mère.

Un communiqué du grand État-major allemand, dont la *Gazette de Cologne* du 29 août nous a apporté le texte, affirme que le « châtiment » infligé à Louvain se justifiait par le fait qu'un bataillon de landwehr, laissé seul dans la ville pour garder les communications, aurait été attaqué par la population civile, agissant sous l'impression que le gros de l'armée allemande s'était retiré définitivement.

Le même journal a publié le récit d'un prétendu témoin de l'événement.

L'enquête a établi que cette affirmation doit être considérée comme fausse. Il est acquis, en effet, que la bourgeoisie de Louvain, d'ailleurs préalablement désarmée par l'autorité communale, n'a provoqué les Allemands par aucun acte d'hostilité.

*
* *

La Commission a repris l'enquête commencée à Bruxelles au juste des événements de Visé.

Cette localité fut la première ville vouée à la destruction suivant le système appliqué ensuite par l'envahisseur à tant d'autres de nos cités et de nos villages. C'est pourquoi nous avons tenu à déterminer ce qu'il y a de fondé dans la version allemande, d'après laquelle la population civile de Visé aurait coopéré à la défense de la ville ou se serait révoltée après son occupation.

Plusieurs témoins, actuellement à Anvers, ont été entendus, notamment des militaires appartenant au détachement qui disputa aux Allemands les passages de la Meuse au nord de Liége, et une religieuse de nationalité allemande des sœurs de Notre-Dame, à Visé.

Il a pu être établi que les habitants n'ont aucunement participé aux combats qui se sont livrés le 4 août au gué de Lixhe et à Visé même.

Ce n'est d'ailleurs que dans la nuit du 15 au 16 que commença la destruction de la ville, dont quelques coups de feu, dans la soirée du 15, donnèrent le signal. Les Allemands prétendirent que les habitants avaient tiré sur eux, spécialement d'une maison dont le propriétaire a été entendu par la Commission.

Les Allemands ne trouvèrent aucune arme dans cette maison, pas plus que dans les immeubles voisins, qui furent néanmoins incendiés, après avoir été pillés, et dont les habitants mâles furent transportés en Allemagne.

Les témoins ont fait ressortir l'invraisemblance d'une sédition éclatant parmi une population désarmée, contre une nombreuse garnison allemande, alors que, depuis onze jours, les dernières troupes belges avaient évacué le pays, et ils ont affirmé que les premiers coups de feu avaient été tirés par des fantassins allemands en état d'ivresse, visant leurs propres officiers. Ce fait ne constituerait pas une exception ; en effet, il est notoire à Maëstricht que, soit méprise, soit à la suite d'une rébellion, les Allemands, vers la même époque, se sont entretués, pendant la nuit, au camp de cavalerie qu'ils avaient établi à Mesch, à proximité de la frontière hollandaise du Limbourg.

Il se confirme que la ville de Visé a été entièrement livrée aux flammes, à l'exception, semble-t-il, d'un établissement religieux qui aurait été respecté, et que plusieurs citoyens, tant de la ville que du village de Canne, ont été fusillés.

Un grand nombre de localités situées dans le triangle compris entre Vilvorde, Malines et Louvain, c'est-à-dire dans une des régions les plus peuplées et, il y a quelques jours encore, les plus prospères de la Belgique, ont été livrées au pillage, partiellement où totalement incendiées, leur population dispersée, tandis qu'au hasard des rencontres, des habitants étaient arrêtés ou fusillés sans jugement, sans motif apparent, dans le seul but, semble-t-il, d'inspirer la terreur et de provoquer l'exode de la population.

Il en fut ainsi, notamment des communes ou hameaux de Sempst, Weerde, Elewyt, Hofstade, Wespelaer, Wilsele, Bueken, Eppeghem, Wackerzeele, Rotsealer, Werchter, Thildonck, Boortmeerbeek, Houthem, Tremeloo. De ce dernier village, seuls l'église et le presbytère restent debout ; ailleurs, sur les rares maisons épargnées, on relève les inscriptions suivantes : *Nicht abbrennen* (N'incendiez pas), *Bitte schonen* (Épargnez, s. v. p.), *Gute Leüte, nicht plündren* (Bonnes gens, ne pillez pas) ; ces maisons ont cependant été saccagées après coup.

Dans tous ces villages, les femmes qui n'ont pu fuir sont en butte aux instincts brutaux du soldat allemand.

La région considérée est immédiatement voisine de celle d'Aerschot, dont un précédent rapport a décrit la dévastation ; celle-ci s'étend à présent au nord-ouest de Bruxelles, où les bourgs importants de Grimberghen et de Wolverthem ont déjà été saccagés, tandis qu'au sud-est de la capitale, à plus de 25 kilomètres du théâtre le plus rapproché des opérations militaires, la ville de Wavre, qui n'avait pu fournir l'exorbitante contribution de guerre de 3 millions, imposée par l'état-major ennemi, a vu détruire par le feu cinquante-six de ses maisons.

Nous devons encore signaler que, les 4 et 5 septembre courant, des bombes ont été lancées, du haut d'un aéroplane, sur Gand et sur Eecloo, villes ouvertes et non défendues.

Enfin, vous n'ignorez pas, Monsieur le Ministre, qu'après son évacuation complète par les troupes belges, le 27 août, la ville de Malines a été soumise, pendant plusieurs jours, à un bombardement qui a gravement endommagé la métropole de Saint-Rombaut, orgueil de cette vieille cité. De même le bourg de Heyst-op-den-Berg a été impitoyablement bombardé, sans que cet acte puisse se justifier par aucun intérêt stratégique.

*
* *

Les Allemands, pour excuser leurs attentats, prétendent que, partout où ils ont fusillé, brûlé et pillé, c'est que les habitants

leur avaient opposé une résistance armée. Que le fait ait pu se
produire sur des points isolés, il n'y a là rien qui ne se rencontre
dans toutes les guerres, et s'ils s'étaient bornés à en passer les
auteurs par les armes, nous ne pourrions que nous incliner devant
la rigueur des lois militaires. Mais, en aucun cas, ces agressions
individuelles, qui sont restées absolument exceptionnelles, ne
pourraient justifier la généralisation des mesures de répression
qui ont atteint la population de nos villes et de nos villages dans
leurs personnes et dans leurs biens, les fusillades, les incendies
et les pillages, qui se sont poursuivis un peu partout sur notre
territoire, non pas même avec le caractère de représailles, mais
avec de véritables raffinements de cruauté. Au surplus, aucune
provocation n'a pu être établie à Visé, à Warsage, à Louvain, à
Wavre, à Termonde et dans d'autres localités encore qui ont été
l'objet d'une destruction totale froidement exécutée plusieurs
jours après l'occupation, sans oublier l'incendie systématique des
habitations isolées situées sur le passage des troupes, et la fusillade des malheureux habitants qui s'enfuyaient.

Les Allemands ont prétendu, dans leurs journaux, que le
Gouvernement belge aurait fait distribuer aux populations des
armes dont elles devaient faire usage contre les envahisseurs du
territoire. Ils ajoutent que le clergé catholique aurait prêché une
sorte de guerre sainte et incité partout ses ouailles à massacrer
les Allemands. Enfin, ils ont soutenu, pour justifier les massacres
de femmes, que celles-ci ne s'étaient pas montrées moins acharnées
que les hommes, allant jusqu'à verser de leurs fenêtres de l'huile
bouillante sur les troupes en marche.

Autant d'allégations, autant de mensonges ! Loin d'avoir fait
distribuer des armes, les autorités, à l'approche de l'ennemi, ont
partout désarmé les populations; les bourgmestres ont partout
mis leurs administrés en garde contre des violences qui entraîne-
raient des représailles; le clergé n'a cessé d'exhorter ses ouailles
au calme; quant aux femmes, sauf d'après un récit, de source
suspecte, dans un journal étranger, elles n'avaient d'autres préoc-
cupations que d'échapper aux horreurs d'une guerre sans merci.

Les vrais mobiles des atrocités dont nous avons recueilli les
émouvants témoignages ne peuvent être que, d'une part, le désir
de terroriser et de démoraliser les populations, conformément
aux théories inhumaines des écrivains militaires allemands,

d'autre part, le désir de pillage. Un coup de fusil tiré on ne sait où, ni par qui, ni contre qui, par un soldat ivre ou un factionnaire énervé, suffit pour fournir un prétexte au sac de toute une cité. Au pillage individuel succèdent les contributions de guerre dans des proportions auxquelles il est impossible de satisfaire, et l'enlèvement d'otages qui seront fusillés ou gardés jusqu'au paiement complet de la rançon, suivant les procédés connus du brigandage classique. Il faut tenir compte aussi de ce que toute résistance opposée par des détachements de l'armée régulière est bientôt mise, pour les besoins de la cause, au compte des habitants, et que l'envahisseur entend invariablement se venger sur les civils des échecs ou même des simples déceptions qu'il subit au cours de la campagne.

Nous n'utilisons, au cours de cette enquête, que des faits appuyés sur des témoignages probants. Il est à noter que, jusqu'ici, nous n'avons pu signaler qu'une faible partie des crimes contre le droit, l'humanité et la civilisation, qui formeront une des pages les plus sinistres et les plus révoltantes de l'histoire contemporaine. Si une enquête internationale, comme celle qui a été conduite dans les Balkans par la Commission Carnegie, pouvait se poursuivre dans notre pays, nous sommes convaincus qu'elle établirait la vérité de nos assertions.

Les Secrétaires,   *Le Président,*
(s) Ch^{er} ERNST DE BUNSWYCK,   (s) COOREMAN.
        ORTS.

QUATRIÈME RAPPORT
Sac d'Aerschot. — Constatation des dommages.

Anvers, le 17 septembre 1914.

A Monsieur CARTON de WIART, Ministre de la Justice.

Monsieur le Ministre,

Dès l'évacuation de la ville d'Aerschot par les troupes allemandes, la Commission d'enquête a délégué un de ses membres, M. Orts, conseiller de légation de S. M. le Roi des Belges, pour constater personnellement l'état dans lequel se trouvait la ville.

M. Orts nous a fait le rapport ci-après :

Suivant le désir de la Commission d'enquête, je me suis rendu, le 11 septembre courant, à Aerschot.

Dans le mouvement général d'offensive qui les portait rapidement vers Louvain, nos troupes n'avaient fait que traverser la ville sans s'y arrêter, les services publics n'y étaient pas encore réorganisés et les habitants n'avaient pas encore réintégré leurs foyers, de sorte qu'au moment de mon arrivée, Aerschot se trouvait exactement dans l'état où l'avait laissé l'armée allemande en se retirant trente heures auparavant.

Ainsi que j'ai pu le constater, les témoignages recueillis par la Commission, notamment celui de M...., ont décrit très exactement l'aspect de la ville :

Lorsque, venant de Lierre, on approche du pont sur la dérivation du Démer, la route est bordée des deux côtés de maisons de petits cultivateurs et de maraîchers. Toutes ces habitations, sans exception, sont incendiées. Les annexes, étables, bergeries, forges, poulaillers, rien n'a été épargné, et il est visible que l'œuvre de destruction a été activée par l'emploi de matières incendiaires, attendu que le feu s'est propagé au ras du sol, détruisant les cultures, les jardins, les haies et les arbres fruitiers dans un rayon de 20 à 30 mètres des bâtiments.

Les premières maisons qui se rencontrent au delà du pont sont également détruites. Leurs façades portent, en outre, d'innombrables traces de projectiles : le 19 août, au moment de la retraite de l'armée belge sur Anvers, cet endroit fut le théâtre d'un très vif combat d'arrière-garde.

La route de Lierre tourne aussitôt à droite et l'on pénètre dans la ville par une rue sinueuse qui conduit à la place du Marché. Sur toute la longueur de cette voie, soit sur une distance d'environ 500 mètres, toutes les maisons ont été incendiées. Le feu s'est propagé dans les ruelles qui y aboutissent de droite et de gauche, de sorte que de ce côté de la ville un quartier entier est anéanti. Des maisons atteintes par les flammes, il ne subsiste que les quatre murs entre lesquels les toitures, ainsi que les planchers effondrés, forment un petit amas de matière calcinée d'où émergent quelques ferrailles, des objets mobiliers en métal, noircis par le feu.

Tandis que nous remontions cette rue dans les rangs d'une colonne d'infanterie, des pans de murs, des pignons s'écroulaient à tout instant sous l'action du vent assez vif qui régnait hier, produisant à chaque fois un bruit sourd, tandis que s'élevait un nuage de poussière. L'enchevêtrement des fils téléphoniques détendus, mille débris jonchant le pavé, les vitres brisées crissant sous les semelles complétaient l'impression de dévastation.

La Grand'Place a moins souffert : le « Gilden Huis » et les trois maisons voisines de celle du bourgmestre Tielemans ont brûlé. Cette dernière reste debout, et sa façade, comme celles de la plupart des autres immeubles de la place, porte les traces de la fusillade qui éclata dans la soirée du 19 août, par suite, raconte-t-on à Aerschot, d'une panique provoquée par des soldats ivres.

L'église présente un aspect lamentable. Ses trois portes, ainsi que celle de la sacristie, ont été plus ou moins consumées. La porte donnant sur la grande nef et la porte latérale de droite, toutes deux en chêne massif, paraissent avoir été enfoncées à coups de bélier après que la flamme les eut entamées. A l'intérieur, les autels, les confessionnaux, les harmoniums, les porte-cierges sont brisés, les troncs sont fracturés, les statues gothiques en bois qui ornaient les colonnes de la grande nef ont été arrachées, d'autres ont été partiellement détruites par le feu. Partout régnait le plus grand désordre. Le sol était jonché de foin sur lequel ont couché pendant de longs jours les habitants qui, comme on le sait, ont été incarcérés en grand nombre dans l'église.

Dans le reste de la ville, que nous avons rapidement parcouru, se découvrent encore çà et là des maisons incendiées. Elles apparaissent en plus grand nombre le long de la chaussée de Louvain où, de distance en distance, se remarquent les débris calcinés d'un groupe de deux, trois, parfois cinq habitations contiguës. En suivant la chaussée, j'ai remarqué, sur une distance de plusieurs kilomètres vers Gelrode, les ruines de maisons de paysans et de villas bourgeoises isolées au pied du coteau.

C'est là, à la sortie de la ville, dans un champ à 100 mètres à gauche de la route, que les Allemands ont fusillé le bourgmestre

Tielemans, son fils, son frère et tout un groupe de leurs concitoyens.

Après quelques recherches, j'ai trouvé au pied d'un talus la place où sont tombées ces victimes innocentes de la fureur des Allemands. Des caillots de sang noirci marquaient encore dans les chaumes l'emplacement occupé par chacune d'elles sous le feu du peloton d'exécution. Ces traces sont distantes de deux en deux mètres, ce qui confirme les dires des témoins, d'après lesquels, au dernier moment, les exécuteurs firent sortir du rang deux hommes sur trois, le sort, à défaut de tout semblant d'enquête, désignant ainsi ceux qui devaient mourir.

A quelques pas de là, la terre fraîchement remuée et une humble croix de bois dressée furtivement par des mains amies, marquent l'endroit où reposent les cadavres de 27 victimes. La fosse, partiellement comblée, semblait attendre de nouvelles proies.

J'ai vu près de l'église d'autres tombes de civils tués au cours de l'occupation allemande, mais dans cette ville abandonnée par sa population, il était malaisé de trouver des témoins des événements, de sorte que je n'ai pu déterminer exactement le nombre des habitants d'Aerschot qui sont tombés sous les balles allemandes.

La ville, en effet, était presque déserte, la rue principale seule était animée par le passage continuel des troupes en marche. Dans les rues latérales on apercevait de loin en loin quelques familles groupées sur le seuil de leur demeure saccagée.

Nombreux ont été à Aerschot, comme ailleurs, les attentats contre les femmes et les jeunes filles. Mais sur ce point particulier, l'enquête se heurte à de grandes difficultés, les victimes désignées par la voix publique, ainsi que leurs familles, opposant généralement un mutisme absolu à toutes les questions.

***

La description des quartiers incendiés ne donne qu'une faible impression de la dévastation accomplie dans cette malheureuse cité, car si Aerschot a été partiellement détruite par le feu, *j'ai pu constater qu'elle a été entièrement mise à sac.*

J'ai pénétré dans plusieurs maisons choisies au hasard, dont j'ai parcouru les divers étages; par les vantaux et les portes défoncés, j'ai plongé le regard dans un grand nombre d'autres habitations. Partout le mobilier est bouleversé, éventré, souillé d'une façon ignoble, les papiers de tenture pendent en lambeaux le long des murs, les portes des caves sont enfoncées, les armoires, les tiroirs, tous les réduits ont été crochetés et vidés de leur contenu. Le linge, les objets les plus disparates couvrent le sol en même temps qu'un nombre incroyable de bouteilles vides.

Dans les maisons bourgeoises, les tableaux ont été lacérés, les œuvres d'art brisées. Sur la porte de l'une d'elles, un vaste immeuble de bonne apparence, appartenant au Dr......., se lisait encore, quoique à demi effacée, l'inscription suivante écrite à la craie : *Bitte dieses Haus zu schonen da wirklich friedliche gute Leute...* (*S*) *Bannach, Wachtmeister*. Je pénétrai dans cet immeuble, que l'on me disait avoir été habité par des officiers et que la sollicitude de l'un d'eux paraissait avoir sauvé de la dévastation générale. Dès le seuil, une odeur fade de vin répandu attirait l'attention sur des centaines de bouteilles vides ou brisées qui encombraient le vestibule, l'escalier et jusqu'à la cour donnant sur le jardin. Dans les appartements régnait un désordre inexprimable ; je marchais sur un lit de vêtements déchirés, de flocons de laine échappés de matelas éventrés, partout des meubles béants et dans toutes les chambres, à portée du lit, encore des bouteilles vides. La salle à manger en était encombrée, des douzaines de verres à vin couvraient la table et les guéridons, qu'entouraient les fauteuils et les canapés lacérés, tandis que dans un coin, un piano, au clavier maculé, paraissait avoir été défoncé à coups de botte. Tout indiquait que ces lieux avaient été, pendant bien des jours et des nuits, le théâtre de beuveries et de débauches ignobles. Sur la place du Marché, l'intérieur de la maison du notaire...... offrait un spectacle semblable et, d'après ce que m'a affirmé un maréchal des logis de gendarmerie qui s'occupait avec ses hommes à remettre un peu d'ordre dans tout ce chaos, il en est de même de la plupart des maisons appartenant aux familles notables où les officiers allemands avaient élu domicile.

Une enquête approfondie établira, lorsque le moment sera venu, l'importance du dommage subi par la ville et la population d'Aerschot.

DU DROIT DES GENS EN BELGIQUE 63

Je crois pouvoir affirmer, dès à présent, que la ruine totale qui atteint cette population paisible et laborieuse est due à un pillage organisé bien plus qu'à l'incendie qui épargna, d'ailleurs, certains quartiers.

Pendant trois semaines, de proche en proche, les soldats allemands ont dévalisé la presque totalité des maisons de la ville, détruisant partout les objets qui ne satisfaisaient pas leur cupidité, tandis que les officiers se réservaient les demeures les plus opulentes. Toutes les valeurs que leurs propriétaires n'eurent pas le temps de mettre à l'abri, l'argenterie, les bijoux de famille, l'argent monnayé ont ainsi disparu, et les habitants affirment que l'incendie n'eut fréquemment d'autre but que de faire disparaître la preuve de vols particulièrement importants. Des fourgons entiers chargés de butin sont partis d'Aerschot dans la direction de la Meuse.

Quant à la cause initiale de la calamité qui s'est abattue sur cette cité sans défense, elle résiderait, d'après les autorités militaires allemandes, dans le meurtre d'un officier par un civil qu'elles désignent et qui a été aussitôt passé par les armes. Ce fait reste, d'ailleurs, à prouver, car il ne s'est pas trouvé un Aerschotois qui admit la culpabilité du fils Tielemans. Il suffit de retenir pour l'instant que, de l'aveu de l'envahisseur, la destruction d'Aerschot fut l'exécution d'une décision réfléchie; aux yeux du commandant allemand, le massacre d'un nombre indéterminé d'innocents, la transportation au loin de plusieurs centaines d'autres, le traitement barbare infligé aux vieillards, aux femmes et aux enfants, la ruine de tant de familles, l'incendie et le sac d'une ville de 8.000 âmes seraient des représailles que l'acte d'un isolé suffit à justifier.

12 septembre 1914.   ORTS,

Conseiller de Légation,
Secrétaire de la Commission d'Enquête.

Les Secrétaires,   Le Président,
(s) Ch^{er} ERNST DE BUNSWYCK,   (s) COOREMAN.
ORTS.

CINQUIÈME RAPPORT

Sac d'Aerschot et de Louvain. — Renseignements complémentaires.

Anvers, le 25 septembre 1914.

A Monsieur CARTON de WIART, Ministre de la Justice.

Monsieur le Ministre,

L'armée belge, sortant du camp retranché d'Anvers, a refoulé, pendant les journées du 10 au 14 septembre, les troupes allemandes qui se trouvaient devant elle.

Occupant Malines, Aerschot et Diest, elle s'est avancée jusqu'aux portes de Tirlemont et de Louvain, en même temps qu'elle repoussait l'ennemi jusque Werchter et Vilvorde.

Les opérations militaires ont permis à de nombreux témoins des régions envahies de se rendre à Anvers.

D'autre part, un de nos secrétaires, M. Orts, a pu constater personnellement, dès l'expulsion des troupes allemandes, les ravages commis dans la ville d'Aerschot. Le rapport qu'il nous a fait vous a été transmis le 17 septembre.

Il vous aura édifié, Monsieur le Ministre, sur les excès commis par les troupes allemandes. Ces excès ont duré pendant toute l'occupation ; ils sont le fait aussi bien des troupes régulières que de la Landsturm qui, vers la fin du mois d'août, a remplacé l'armée active.

Les assassinats, les pillages, les viols, les attentats contre les personnes et les propriétés n'ont cessé qu'au moment de l'entrée des forces belges dans Aerschot.

Il y a plus : la Landsturm n'a pas même respecté, dans les églises et les établissements religieux, les tabernacles qui, jusque-là, étaient demeurés intacts, par exemple, au Collège Saint-Joseph et dans la chapelle de l'Institut des Picpus.

Un soldat belge, volontaire de carrière au 6e régiment de ligne,

nous a exposé le traitement odieux auquel ont été soumis de
nombreux prisonniers et blessés belges à Aerschot. Blessé au
bras gauche, il avait été fait prisonnier par les Allemands, le
18 août, au matin. Il fut conduit avec 27 autres prisonniers sur la
chaussée qui longe le Démer. Deux compagnies allemandes s'y
trouvaient. Tous les prisonniers furent chassés devant elles et
fusillés. Ceux qui, pour échapper à la fusillade, se jetèrent dans
le Démer, y furent tués à coups de feu. Le témoin, à la première
décharge, se jeta à terre, faisant le mort. Un soldat s'approcha
de lui et, voyant qu'il vivait, s'apprêta à l'achever en lui tirant un
coup de feu. Un officier intervint, disant qu'une balle était de
trop et ordonna de le jeter dans le Démer. Le témoin parvint à se
raccrocher à la branche d'un buisson ; appuyant les pieds sur les
pierres du fond, il passa la nuit dans l'eau; la tête seule émergeait.
Le lendemain il sortit de la rivière, entra par les jardins dans
une maison abandonnée, y revêtit des habits civils et, se joignant
à des habitants qui fuyaient, parvint à se sauver. Des 28 prisonniers, lui et un autre purent seuls échapper. Le témoin est actuellement en traitement dans une ambulance d'Anvers.

Vous connaissez, Monsieur le Ministre, le prétexte invoqué par
les Allemands pour expliquer leurs attentats. Ils veulent y voir
des représailles destinées à venger le meurtre d'un de leurs géné-
raux qui aurait été tué à Aerschot par le fils du bourgmestre.

Notre rapport du 28 août a démontré l'invraisemblance de cette
version.

Les témoignages concordants des habitants d'Aerschot entendus par nous établissent que le coup de feu qui a atteint cet
officier supérieur a été tiré par les troupes allemandes qui tiraillaient dans la ville.

Nous croyons devoir reproduire, au sujet de ces faits, une
lettre qui nous parvient aujourd'hui même et dans laquelle
Mme Tielemans, veuve de l'infortuné bourgmestre d'Aerschot,
actuellement en sécurité à l'étranger, expose les événements qui
se sont produits :

« Les faits se sont passés comme suit : Vers 4 heures de
l'après-midi, mon mari distribuait des cigares aux sentinelles
postées à la porte. Je l'accompagnais. Voyant que le général et
ses aides nous observaient du haut du balcon, je lui conseillai de
rentrer. A ce moment, jetant un coup d'œil sur la Grand'Place où

campaient plus de 2.000 Allemands, j'ai vu distinctement deux colonnes de fumée suivies d'une fusillade : les Allemands tiraient sur les maisons, envahissaient les maisons. Mon mari, mes enfants, les domestiques et moi n'avons eu que le temps de nous précipiter dans l'escalier donnant dans la cave. Les Allemands tiraient même dans les vestibules. Après quelques instants d'angoisses sans nom, un des aides de camp du général descendit, disant : « Le général est mort ; où est le bourgmestre ? » Mon mari me dit : « Ceci sera grave pour moi. » Comme il s'avançait, je dis à l'aide de camp : « Vous pouvez constater, Monsieur, que « mon mari n'a pas tiré. — C'est égal, me répondit-il, il est res- « ponsable. » Mon mari fut emmené. Mon fils, qui était à mes côtés, nous a conduits dans une autre cave. Le même aide de camp est venu me l'arracher, le faisant marcher devant lui à coups de pied. Le pauvre enfant pouvait à peine marcher. Le matin, en entrant dans la ville, les Allemands avaient tiré dans les fenêtres des maisons ; une balle avait pénétré dans la chambre où se trouvait mon fils et, ricochant, l'avait blessé au mollet. Après le départ de mon mari et de mon fils, j'ai été conduite dans toute la maison pas des Allemands qui braquaient leur revolver sur ma tête. J'ai dû voir leur général mort. Puis on nous a jetées, ma fille et moi, hors de la maison, sans paletot, sans rien. On nous a parquées sur la Grand'Place. Nous étions entourées d'un cordon de soldats et devions voir l'embrasement de notre chère cité. C'est là qu'à la clarté sinistre de l'incendie, j'ai vu pour la dernière fois, vers 1 heure du matin, le père et le fils liés l'un à l'autre. Suivis de mon beau-frère ils allaient au supplice.

« Ces mauvais m'ont pris tout ce que j'aimais et maintenant ils voudraient enlever l'honneur d'un nom que je suis fière de porter. Non, Monsieur le Ministre, je ne puis laisser s'accréditer ce mensonge. Sur l'honneur, je vous affirme que nous ne possédions plus une arme.

« Ma tête a été mise à prix ; j'ai dû fuir de village en village. N'était-ce pas pour faire disparaître un témoin ? »

∗∗

Il résulte de nombreux témoignages que, dans bien des localités rurales des environs d'Aerschot, de Diest, de Malines et de Louvain, le désastre est plus grand encore qu'à Aerschot. Des villages entiers ont été anéantis. La population, réfugiée dans les bois, manque d'abri et de pain. Dans les fossés gisent, le long des routes, sans sépulture, de malheureux paysans, des femmes, des enfants tués par les Allemands. Dans les puits, des cadavres ont été jetés et contaminent les eaux.

Des blessés de tout âge et de tout sexe ont été abandonnés sans soins.

Un médecin préposé au service d'une ambulance, à Malines, nous a décrit l'état horrible dans lequel il a trouvé de pauvres gens laissés ainsi sans traitement pendant plusieurs jours. Entre autres, un homme d'une trentaine d'années s'était réfugié avec sa famille dans une fosse à purin qu'il avait vidée. Les Allemands survinrent, soulevèrent le couvercle et tirèrent dans la fosse. L'homme fut atteint d'affreuses blessures. Il resta cinq jours sans soins. La jambe était en complète putréfaction. L'amputation jusqu'à la cuisse a été nécessaire.

Des habitants mâles en grand nombre ont été réquisitionnés dans toute la région ; la plupart ont été employés à creuser des tranchées, à effectuer des travaux de défense contre nos troupes, au mépris des lois de la guerre. Pendant les engagements, d'autres ont été fréquemment obligés à marcher devant le front des troupes allemandes. Un grand nombre ne sont pas revenus.

A Aerschot, du 30 août au 6 septembre, beaucoup d'habitants mâles, ainsi enlevés par des soldats allemands, ont été enfermés dans l'église avec une trentaine d'ecclésiastiques. Ils y ont été laissés sans autre nourriture que du pain aigre, en quantité tout à fait insuffisante.

A s'en tenir aux indications contenues dans le carnet de campagne d'Allemands faits prisonniers par nos troupes, au moment où elles réoccupèrent Aerschot, ces personnes furent envoyées en Allemagne.

On lit, en effet, dans le carnet du soldat Karl Bertram, de Westeregeln, près de Magdebourg : « Nous avons enfermé 450 hommes à l'église d'Aerschot ; moi, je me trouvais près de l'église à ce moment. »

Un autre carnet, ne portant pas l'indication du nom de son propriétaire, contient la mention suivante : « Le 6 septembre, nous avons expédié 300 Belges en Allemagne ; parmi eux, se trouvent 21 curés. »

Les vases sacrés qui n'avaient pas été mis en lieu sûr n'ont pas échappé au vandalisme.

Un honorable ecclésiastique nous a représenté le pied d'un ciboire dérobé à l'église d'Hofstade. La partie supérieure en vermeil avait été conservée ; le pied, en cuivre doré, avait été retrouvé sur la route. Les pierres précieuses qui l'ornaient avaient été desserties.

**

Ce n'est que lorsque l'occupation allemande aura pris fin que l'on pourra dresser, commune par commune, ville par ville, le funèbre bilan des atrocités allemandes.

Les renseignements que recueille la Commission, soit en procédant directement à l'audition des témoins, soit en chargeant des magistrats d'y pourvoir dans la partie non envahie du pays, ne peuvent, le plus souvent, relater que des faits isolés. Ils ne peuvent embrasser les situations d'ensemble, chaque témoin n'ayant vu qu'une partie des scènes dont une localité a été le théâtre.

De plus, chaque témoignage doit être sérieusement contrôlé. Ce n'est que lorsque les faits signalés semblent, par l'accumulation des preuves, à l'abri de toute discussion, que la Commission en fait état.

Ainsi s'explique comment les conclusions de la Commission n'ont guère porté jusqu'ici que sur des faits commis dans certaines localités de la province d'Anvers et de la province du Brabant. Le dégagement des Flandres et du Limbourg permettra sans doute d'envisager d'une manière méthodique et complète les ravages subis par ces provinces. Ce sera l'objet de prochains rapports, en attendant que nous puissions étendre nos investigations au Luxembourg et au Hainaut, provinces d'où commence à nous arriver l'écho de faits non moins horribles.

**

Dès à présent, à raison des dernières opérations militaires, nous pouvons préciser les faits qui ont amené le sac de Louvain et en déterminer l'étendue, nous réservant cependant de revenir encore sur ce pénible sujet, quand nous aurons éclairci certains incidents relatifs au rôle des autorités allemandes.

Avant l'entrée des armées allemandes, M. le bourgmestre Colins avait fait placarder sur les murs de Louvain une affiche pour exhorter la population au calme. La population était terrorisée. De nombreux habitants avaient quitté la ville. Ceux qui avaient eu le courage de rester étaient décidés à suivre les conseils de M. le bourgmestre et à accueillir les armées ennemies avec calme et dignité.

Les parlementaires allemands pénétrèrent dans la ville le mercredi 19 août, vers 2 heures de l'après-midi. Ils s'étaient faits précéder par M. le doyen de Louvain ; les rues étaient désertes.

Dès leur arrivée, les Allemands firent, dans une forme grossière et brutale, d'énormes réquisitions de vivres, évaluées à plus de 100.000 francs. Des troupes très nombreuses firent une entrée triomphale vers 2 h 30. Les chants de triomphe et les musiques redoublaient d'entrain lorsque les troupes croisaient des soldats belges, blessés et mourants, amenés de Bautersem et des localités où des combats avaient eu lieu.

Les soldats allemands s'installèrent de préférence chez les habitants, alors que des casernes et des établissements publics mis à leur disposition demeuraient inoccupés. Ils pénétrèrent de force dans les maisons abandonnées, brisant les portes à coups de hache, et, dès ce moment, en saccagèrent quelques-unes.

Le 20 août, M. Van der Kelen, sénateur, et M. Colins, bourgmestre de la ville, furent retenus comme otages. De nombreuses affiches furent placardées en ville, portant notamment interdiction de circuler après 8 heures du soir, obligation de déposer à l'hôtel de ville, sous peine d'être fusillé, les armes, munitions, essences pour autos, obligation, dans certaines rues, de laisser les portes ouvertes et les fenêtres éclairées la nuit.

L'autorité allemande, représentée par M. le commandant de place Manteuffel, réclama le paiement d'une indemnité de guerre de 100.000 francs ; à la suite de pourparlers, elle en réduisit le montant à 3.000 francs. Elle fit remettre en liberté les délinquants de nationalité allemande détenus pour faits de droit commun dans les prisons de Louvain. On ignore ce qu'ils devinrent.

Les jours suivants, de nouvelles réquisitions furent faites. Mgr Ladeuze, recteur de l'Université, M. de Bruyn, vice-président du tribunal, M. le notaire Van den Eynde, conseiller provincial, et diverses autres personnalités furent pris comme otages.

Les autorités allemandes se rendirent dans les banques privées et saisirent l'encaisse : elles trouvèrent 300 francs à la Banque de la Dyle et 12.000 francs à la Banque populaire.

Pendant toute cette période, la soldatesque allemande avait déjà commis de nombreux attentats contre des femmes et des jeunes filles, tant dans la ville de Louvain que dans les environs.

Comme nous l'avons déjà constaté dans notre rapport du 31 août, les troupes allemandes masquant Anvers furent refoulées, le 28 août, par l'armée belge jusqu'à Louvain. Des témoignages précis sont venus confirmer nos conclusions. Nous croyons pouvoir considérer comme établi qu'un échange de coups de feu se produisit sur plusieurs points de la ville entre les troupes allemandes venant en désordre de Malines, la petite garnison allemande restée à Louvain et des troupes allemandes arrivées dans l'après-midi de la direction de Liége.

Un religieux nous affirme avoir assisté à un combat qui s'est livré rue des Joyeuses-Entrées, entre des troupes allemandes, et avoir compté dans cette seule rue, au moment où le feu cessa, près de 60 cadavres de soldats allemands. Aucun cadavre de civil ne se trouvait dans la rue.

Dès ce moment, une vive fusillade éclata simultanément sur différents points de la ville, notamment à la porte de Bruxelles, à la porte de Tirlemont, rue Léopold, rue Marie-Thérèse, rue des Joyeuses-Entrées. Les soldats allemands tiraient dans tous les sens parmi les rues désertes. Ce fut une vraie panique où les officiers avaient perdu le contrôle de leurs hommes.

Peu de temps après, les incendies éclataient de toute part, notamment aux halles universitaires qui contenaient la bibliothèque et les archives de l'Université, à l'église Saint-Pierre, à la place du Peuple, rue de la Station, boulevard de Tirlemont, chaussée de Tirlemont.

Sur l'ordre de leurs chefs, les soldats allemands enfonçaient les portes des maisons et y mettaient le feu au moyen de fusées. Ils tiraient sur les habitants qui tentaient de sortir de leurs demeures. De nombreuses personnes réfugiées dans leurs caves furent brûlées vives; d'autres, atteintes par des coups de feu au moment où elles voulaient sortir du brasier. Beaucoup d'habitants de Louvain qui étaient parvenus à sortir de leurs maisons, en s'échappant par les jardins, furent conduits sur la place de la Station, où une dizaine de cadavres de civils étaient étendus. Ils furent brutalement séparés de leurs femmes et de leurs enfants et dépouillés de ce qu'ils emportaient.

Notre rapport du 31 août vous a exposé, Monsieur le Ministre, les tortures physiques et morales qui ont été imposées à un groupe de 75 d'entre eux. D'autres, en grand nombre, furent conduits à la gare, entassés dans des wagons à bestiaux et, après un voyage de vingt-six heures, sans recevoir de nourriture, arrivèrent à Cologne.

Le lendemain de leur arrivée en cette ville, après une nuit passée dans une baraque foraine où ils reçurent un peu de pain et d'eau, beaucoup d'entre eux furent entassés, à quinze par compartiment, dans des voitures de troisième classe et reconduits à Bruxelles, où ils parvinrent en état de complet épuisement, le dimanche 30 août. Pour la première fois depuis leur arrestation, ils purent se nourrir à satiété. Ils furent ensuite conduits jusqu'aux avant-postes allemands devant Malines et relâchés. Beaucoup ne sont pas revenus jusqu'ici.

D'autres enfin, spécialement des membres du clergé, notamment Mgr Ladeuze, recteur de l'Université, et Mgr de Becker, recteur du Collège américain, furent envoyés dans la direction de Bruxelles. Plusieurs d'entre eux, notamment le père Dupierreux, de la Compagnie de Jésus, furent fusillés en cours de route. Tous subirent de réelles tortures.

Les femmes et les enfants demeurèrent, sans nourriture, sur la place de la Station, pendant toute la journée du 26 août. Ils assistèrent à l'exécution d'une vingtaine de leurs concitoyens, parmi lesquels se trouvaient plusieurs prêtres et religieux qui, liés quatre par quatre, furent fusillés à l'extrémité de la place, sur le trottoir qui longe la propriété de M. Hamaide. Un simulacre d'exécution de Mgr Coenraets, vice-recteur de l'Université, et du père Schmit, de l'ordre des Frères prêcheurs, eut lieu devant eux. Une salve retentit et les témoins, convaincus de la réalité du drame, furent contraints à applaudir.

Ces femmes et ces enfants furent relâchés dans la nuit du 26 au 27 août.

Le jeudi 27 août, à 8 heures, ordre fut donné à tous les habitants de quitter Louvain, la ville devant être bombardée.

Vieillards, femmes, enfants, malades, aliénés colloqués, religieux, religieuses, furent chassés brutalement sur toutes les routes comme un troupeau. Ce que furent l'exode des habitants, les atrocités commises, on commence seulement à le savoir : ils furent chassés au loin, sous la direction de soldats brutaux, dans des directions diverses, forcés de s'agenouiller et de lever les bras à chaque passage d'officiers et de soldats allemands, sans nourriture et la nuit sans abri.

Plusieurs moururent en route ; d'autres, parmi lesquels des femmes et des enfants qui ne pouvaient suivre, ainsi que des ecclésiastiques, furent fusillés. Plus de 10.000 habitants furent poussés jusqu'à Tirlemont, ville située à près de 20 kilomètres de Louvain. Ce que dut être leur calvaire, on ne peut le décrire. Beaucoup d'entre eux furent encore repoussés le lendemain de Tirlemont jusque Saint-Trond et Hasselt.

Pour ne citer qu'un exemple, il nous suffira de dire qu'un groupe de 13 ecclésiastiques, comprenant le curé de Saint-Joseph, M. Noël, professeur à l'Université, le père recteur de Scheut, a été arrêté, en cours de route, sous la commune de Lovenjoul. Ils ont été injuriés de toutes les façons, enfermés dans une porcherie dont les Allemands avaient, sous leurs yeux, fait sortir le porc, puis certains d'entre eux ont été forcés d'enlever tous leurs vêtements ; tous ont été fouillés, dépouillés de toutes les valeurs et de tous les objets précieux qu'ils emportaient, brutalisés et frappés.

L'expulsion des habitants semble avoir eu pour mobile de faciliter le pillage. Les soldats étaient si pressés de voler que plusieurs témoins affirment avoir vu commencer le pillage de leurs habitations au moment même où ils devaient les quitter.

Le pillage, commencé le jeudi 27 août, dura huit jours. Par bandes de 6 ou 8, les soldats enfonçaient les portes ou brisaient les fenêtres, pénétraient dans les caves, se grisaient de vin, saccageaient les meubles, éventraient les coffres-forts, volaient l'argent, les tableaux, les œuvres d'art, l'argenterie, le linge, les vêtements, le vin, les provisions.

Les carnets de campagne trouvés sur les soldats allemands faits prisonniers à Aerschot contiennent des aveux irrécusables :

Klein Gaston, appartenant à la 1ʳᵉ compagnie de Landsturm, écrit sous la date du 29 août :

« A partir de Roosbeek nous commencions à avoir un aperçu de la guerre ; maisons incendiées, murs troués par des balles, cadran de la tour enlevé par un obus, etc. Quelques croix isolées indiquaient la tombe des victimes. Nous arrivons à Louvain qui était une véritable fourmilière militaire. Le bataillon de la Landsturm de Halle arrive traînant après lui toutes sortes de choses, surtout des bouteilles de vin, et, parmi eux, il y en avait beaucoup qui étaient ivres. Un peloton de dix cyclistes roulait à travers la ville pour chercher du logement, et en montrait une image de dévastation telle qu'il est impossible de s'en faire une idée pire. Des maisons brûlant et s'effondrant entouraient les rues ; quelques rares maisons demeuraient debout. La course se poursuivait sur des débris de verre ; des morceaux de bois brûlaient, etc. Les fils conducteurs du tram et ceux du téléphone traînaient dans les rues et les obstruaient.

« Les stations encore debout étaient remplies de « logés ». De retour à la gare, personne ne savait ce qui devait se faire. D'abord quelques troupes seulement se seraient rendues en ville, mais alors le bataillon allait en rangs serrés en ville, pour entrer par effraction dans les premières maisons pour marauder du vin et autre chose aussi, pardon, réquisitionner. *Ressemblant à une meute en débandade, chacun y alla à sa fantaisie. Les officiers précédaient et donnaient le bon exemple.*

« Une nuit dans une caserne, de nombreux ivrognes, ce fut fini.

« *Cette journée m'inspira un mépris que je ne saurais décrire.* »

Un autre prisonnier écrit à sa femme, Anna Mannigel, à Magdebourg :

« Nous sommes arrivés à Louvain à 7 heures du soir. Je ne pouvais pas t'écrire à cause de l'aspect lugubre de Louvain. De tous côtés, la ville brûlait. Là où elle ne brûlait pas, c'était la destruction ; nous avons pénétré dans les caves où nous nous sommes bien remplis. »

Une grande partie du butin, chargée sur des fourgons militaires, a été transportée ensuite par trains en Allemagne.

L'incendie et le pillage ne cessèrent que le mercredi 2 septembre. Ce jour-là encore quatre incendies furent allumés par des soldats allemands, un rue Léopold et trois rue Marie-Thérèse.

Sans compter les Halles universitaires et le Palais de Justice, 894 maisons ont été incendiées sur le territoire de la ville de Louvain, 500 environ sur celui du faubourg de Kessel-Loo. Le faubourg de Herent, la commune de Corbeek-Loo ont été presque entièrement détruits.

Le 25 août au soir, alors qu'ils allumaient l'incendie, les Allemands détruisaient les pompes à incendie et l'échelle Porta ; ils tiraient sur les personnes qui montaient sur les toits pour éteindre le feu.

Le faubourg de Héverlé a été respecté pour une raison que nous ne pouvons déterminer, mais que d'aucuns prétendent trouver dans le fait que le duc d'Arenberg, sujet allemand, y possède de très nombreuses propriétés.

Sur beaucoup d'habitations, de même que sur certaines maisons épargnées à Louvain, se trouvait une petite affiche portant imprimée l'inscription suivante :

Dieses Haus darf nicht betreden werden.
Es ist sterngtens verboten Hauser in brand zu setzen, ohne Genehmigung der Commandantur.

Der Etappen-Commandant,
(Cachet).

D'autres habitations d'Héverlé, qui ont été respectées, portaient seulement en grandes lettres le nom de la commune.

Il serait impossible de déterminer actuellement le nombre des victimes. A la date du 8 septembre, quarante-deux cadavres avaient été retirés des décombres.

***

Pour justifier les atrocités qu'ils ont commises, les Allemands prétendent que des civils ont tiré sur leurs troupes. Nos rapports précédents ont déjà rencontré cette allégation mensongère.

La vérité est que partout le meurtre de citoyens paisibles, le pillage, le vol semblent avoir été méthodiquement organisés.

Un témoin de nationalité étrangère nous a rapporté avoir entendu, le 26 août, devant l'hôtel de ville de Louvain, un officier allemand dire à ses troupes que jusqu'à ce moment les Allemands n'avaient incendié que des villages ou des localités d'importance secondaire, que, pour la première fois, on allait assister à l'embrasement d'une grande ville.

L'incendie suit presque toujours le pillage; il paraît n'avoir souvent d'autre but que d'en faire disparaître les traces. Fréquemment les maisons sont incendiées au moyen de fusées; d'autre fois elles sont arrosées de pétrole ou de naphte au moyen de pompes; d'autre fois, enfin, pour activer l'incendie, les soldats allemands se servent de pastilles dont nous possédons des échantillons. L'analyse à laquelle nous avons fait procéder nous a révélé que ces pastilles sont fabriquées avec de la nitrocellulose gélatinée.

Le pillage, l'incendie se font sur l'ordre de l'autorité supérieure. Une partie du butin, la plus importante, semble-t-il, est expédiée en Allemagne.

La Commission croit devoir, à ce propos, vous signaler une déposition intéressante.

La supérieure d'un établissement religieux situé dans une localité rurale soumise au pillage, est venue déclarer qu'après le sac de la commune, un soldat allemand lui a remis une somme de $1^f 08$, lui disant que si le pillage lui était imposé il ne voulait pas en profiter, n'étant pas un voleur. Un sous-officier allemand l'a priée de remettre à Mlle V. D). une montre, une chaîne et un bracelet en or qu'il avait enlevés chez elle.

Il n'est, dans les ravages dont la Belgique a été l'objet, qu'un seul motif : le désir de terroriser les populations, la volonté de se venger d'une résistance à laquelle l'Empire allemand ne pouvait s'attendre.

Les faits le démontrent : chaque sortie de troupes belges du camp d'Anvers est suivie de nouveaux attentats, que l'envahisseur ne cherche même plus à justifier. La ville d'Aerschot en est un nouvel exemple. Le premier soin des Allemands en rentrant, après le 10 septembre, dans la ville, a été d'anéantir ce qui avait échappé à leur première œuvre de destruction.

Les Secrétaires,   *Le Président,*

(s) Ch^{er} Ernst de Bunswyck,   (s) Cooreman.
          Orts.

———

SIXIÈME RAPPORT
Proclamations allemandes.

Lé Havre, le 10 novembre 1914.

A Monsieur CARTON de WIART, Ministre de la Justice.

Monsieur le Ministre,

Vingt-deux Universités allemandes ont envoyé aux universités étrangères une adresse de protestation contre les accusations dont les troupes allemandes sont l'objet.

Cette adresse, signée par les recteurs des universités de Tubingue, Berlin, Bonn, Breslau, Erlangen, Francfort, Fribourg, Giessen, Gœttingue, Greifswald, Halle, Heidelberg, Iéna, Kiel, Kœnigsberg, Leipzig, Marburg, Munich, Munstein, Rostoc, Strasbourg et Würzbourg, débute en ces termes :

« Vous tous, qui savez que notre armée n'est point une armée de mercenaires, qu'elle comprend toute la nation, du premier au dernier homme, qu'elle est conduite par les meilleurs fils du pays, qu'à cette heure, des milliers de professeurs et d'élèves tombent comme officiers ou soldats sur les champs de bataille de France ou de Russie, vous tous qui avez lu et entendu en quel esprit et avec quel succès la jeunesse est chez nous instruite et élevée, qui savez combien nous inculquons le respect et l'admiration des chefs-d'œuvre de l'esprit humain, quel que soit le pays auquel ils appartiennent, nous vous prions d'être nos témoins et de dire si ce que nos ennemis rapportent est vrai et s'il est exact que l'armée allemande soit une horde de barbares et une bande d'incendiaires qui trouvent plaisir à détruire les innocents, les villages et à détruire les monuments d'art et d'histoire ; et si vous voulez rendre honneur à la vérité, vous serez convaincus avec nous que là où les troupes allemandes durent accomplir une œuvre de destruction, elles cédèrent aux impitoyables lois de la défense dans le combat. »

Les faits sont plus forts que toutes les affirmations. Aux protestations doctorales des universités d'Allemagne, la Commission d'enquête oppose ses constatations. Il n'est pas un fait cité par elle dont elle ne puisse fournir la preuve.

Il est, au surplus, des documents dont les universités allemandes ne pourront songer à discuter l'authenticité. Ce sont les proclamations émanant des chefs de l'armée envahissante, dont l'inconscience semble égaler la cruauté.

Pour l'édification de la conscience publique, la Commission croit devoir publier quelques-unes de ces proclamations. Elles ont toutes un accent de famille nettement caractérisé.

I. — Proclamation distribuée le 4 août 1914.

Le mardi 4 août 1914, vers 10 heures du matin, les premiers soldats allemands arrivèrent à Warsage (route d'Aix-la-Chapelle à Visé).

C'était une petite troupe d'environ vingt-cinq cavaliers, conduits par un officier.

Les soldats distribuèrent aux habitants quelques exemplaires d'un document imprimé dont voici la copie *textuelle* :

« Au Peuple belge !

« C'est à mon plus grand regret que les troupes allemandes se voient forcées de franchir la frontière de la Belgique. Elles agissent sous la contrainte d'une nécessité inévitable, la neutralité de la Belgique ayant été déjà violée par des officiers français qui, sous un déguisement, avaient traversé le territoire belge en automobile pour pénétrer en Allemagne.

« Belges ! C'est notre plus grand désir qu'il y ait encore moyen d'éviter un combat entre deux peuples qui étaient amis jusqu'à présent, jadis même alliés. Souvenez-vous du glorieux jour de Waterloo où c'étaient les armes allemandes qui ont contribué à fonder et établir l'indépendance et la prospérité de votre patrie.

« Mais il nous faut le chemin libre. Des destructions de ponts, de tunnels, de voies ferrées devront être regardées comme des actions hostiles.

« Belges, vous avez à choisir.

« J'espère donc que l'armée de la Meuse ne sera pas contrainte de vous combattre. Un chemin libre pour attaquer celui qui voulait nous attaquer, c'est tout ce que nous désirons.

« Je donne des garanties formelles à la population belge qu'elle n'aura rien à souffrir des horreurs de la guerre ; que nous paierons en or monnayé les vivres qu'il faudra prendre du pays ; que nos soldats se montreront les meilleurs amis d'un peuple pour lequel nous éprouvons la plus haute estime, la plus grande sympathie.

« C'est de votre sagesse et d'un patriotisme bien compris qu'il dépend d'éviter à votre pays les horreurs de la guerre.

« *Le Général commandant en chef l'armée de la Meuse,*
« Von Emmich. »

II. — Proclamation faite par le général commandant en chef de la IIe armée, von Bulow.

« Au Peuple belge,

« Nous avons été obligés d'entrer dans le territoire belge pour sauvegarder les intérêts de notre défense nationale.

« Nous combattons avec l'armée belge uniquement pour forcer le passage vers la France, que votre Gouvernement a refusé à tort, quoiqu'il eût toléré la reconnaissance militaire des Français, fait que vos journaux vous ont laissé ignorer (1).

« La population pacifique de la Belgique n'est point notre

---

(1) Inutile d'insister longuement sur le caractère fantaisiste de cette affirmation. Le Gouvernement belge n'a pas eu à tolérer de reconnaissance militaire des Français, aucune violation de son territoire n'ayant été faite par la France. L'ultimatum de l'Allemagne le reconnaît complètement : « Le Gouvernement allemand a reçu des nouvelles sûres d'après lesquelles les forces françaises *auraient l'intention* de marcher sur la Meuse par Givet et Namur... C'est un devoir impérieux de conservation pour l'Allemagne de prévenir cette attaque de l'ennemi. » (Livre gris, pièce 29.)

Le chancelier de l'Empire d'Allemagne l'a reconnu formellement dans le discours qu'il a prononcé au Reichstag, le 4 août 1914 : « Nous nous trouvons en état de légitime défense, et la nécessité ne connaît pas de loi.

« Nos troupes ont occupé le Luxembourg et peut-être la Belgique. *Cela est en contradiction avec les prescriptions du droit des gens. La France a, il est vrai, déclaré à Bruxelles qu'elle était résolue à respecter la neutralité*

ennemie ; bien au contraire, nous la traiterons avec ménagement
et bénévolence, pourvu qu'elle prouve, par le fait, ses sentiments
paisibles.

« Mais nous sévirons contre toute tentative de la population
d'opposer de la résistance aux troupes allemandes ou de faire
tort à nos intérêts militaires.

« Donné à Montjoie, le 9 août 1914.

                         « Le Général commandant en chef de la II⁰ armée,
                                   « Von Bulow. »

III. — Affiche placardée à Hasselt, le 17 août 1914.

                   « Chers Concitoyens,

« D'accord avec l'autorité militaire supérieure allemande, j'ai
l'honneur de vous recommander à nouveau de vous abstenir de
toute manifestation provocante et de tous actes d'hostilité qui
pourraient attirer à notre ville de terribles représailles.

« Vous vous abstiendrez surtout de sévices contre les troupes
allemandes et notamment de tirer sur elles.

« *Dans le cas où des habitants tireraient sur des soldats de
l'armée allemande, le tiers de la population mâle serait passé
par les armes.*

« Je vous rappelle que les rassemblements de plus de cinq personnes sont strictement défendus et que les personnes qui con-
treviendraient à cette défense seront arrêtées séance tenante.

« Hasselt, le 17 août 1914.

                         « *Le Bourgmestre,* Ferd. Portmans. »

---

*de la Belgique aussi longtemps que l'adversaire la respecterait. Mais nous
savions que la France se tenait prête pour envahir la Belgique. La France
pouvait attendre. Nous, pas. Une attaque française sur notre flanc dans la
région du Rhin supérieur aurait pu devenir fatale. C'est ainsi que nous avons
été forcés de passer outre aux protestations justifiées des Gouvernements
luxembourgeois et belge. L'injustice que nous commettons de cette façon,
nous la réparerons dès que notre but militaire sera atteint.*

« A celui qui est menacé au point où nous le sommes et qui lutte pour son
bien suprême, il n'est permis que de songer au moyen de se dégager. »
(Livre gris, pièce 35.)

IV. — Extrait d'une proclamation aux autorités communales de la ville de Liége.

« Le 22 août 1914.

« Les habitants de la ville d'Andenne, après avoir protesté de leurs intentions pacifiques, ont fait une surprise traître sur nos troupes (¹).

« C'est avec mon consentement que le général en chef a fait brûler toute la localité et que cent personnes environ ont été fusillées (²).

« Je porte ce fait à la connaissance de la ville de Liége pour que les Liégeois se représentent le sort dont ils sont menacés, s'ils prenaient pareille attitude.

« *Le Général commandant en chef,*

« VON BULOW. »

V. — Proclamation affichée à Namur, le 25 août 1914.

« 1. — Les soldats belges et français doivent être livrés comme prisonniers de guerre avant 4 heures devant la prison. *Les citoyens qui n'obéiront pas seront condamnés aux travaux forcés à perpétuité en Allemagne.*

« *L'inspection sévère des immeubles commencera à 4 heures. Tout soldat trouvé sera immédiatement fusillé.*

« 2. — Armes, poudre, dynamite doivent être remis (sic) à 4 heures. Peine : fusillade.

« Les citoyens connaissant un dépôt doivent en prévenir le bourgmestre, *sous peine de travaux forcés à perpétuité.*

« 3. — Toutes les rues seront occupées par une garde alle-

---

(1) C'est là une simple affirmation, contredite par les habitants.

(2) En réalité, plus de 400 personnes ont disparu : plus de 200 ont été fusillées. Tout est à peu près ravagé. Sur une distance de 3 lieues au moins les maisons sont brûlées. (Séance de la Commission d'enquête du 11 septembre 1914, 1er témoin.)

mande qui prendra dix otages dans chaque rue qu'ils garderont sous leur surveillance. Si un attentat se produit dans la rue, *les dix otages seront fusillés.*

« 4. — Les portes ne peuvent être fermées à clef et, la nuit, à partir de 8 heures, trois fenêtres doivent être éclairées dans chaque maison.

« 5. — Interdiction de se trouver dans la rue après 8 heures. Les Namurois devront comprendre qu'il n'y a pas crime plus grand et plus horrible que de compromettre, par des attentats sur l'armée allemande, l'existence de la ville ou la vie des habitants.

« Le Commandant de la place,
« Von Bulow.

« Namur, 25 août 1914. (Imprimerie Chantraine.) »

VI. — Lettre adressée, le 27 août 1914, par le lieutenant-général von Nieber au bourgmestre de Wavre.

« Le 22 août 1914, le général commandant la IIe armée, M. de Bulow, imposait à la ville de Wavre une contribution de guerre de 3 millions de francs payables jusqu'au 1er septembre pour expier la conduite inqualifiable et contraire au droit des gens et aux usages de la guerre en attaquant par surprise des troupes allemandes (¹).

« Le général commandant de la IIe armée vient de donner au général en chef de l'étape de la IIe armée l'ordre de rentrer sans retard ladite contribution, qu'elle doit payer à cause de sa conduite.

« Je vous ordonne et je vous somme de remettre au porteur de la présente les deux premières quotes-parts, soit 2 millions de francs en or.

___

(1) A Wavre, une cinquantaine de maisons ont été brûlées. Les conseillers communaux, un échevin et un vicaire de Basse-Wavre ont été pris comme otages. Pour expliquer leurs actes, les Allemands ont prétendu que les civils avaient tiré sur leurs troupes. En réalité, ici comme ailleurs, les civils n'ont pris aucune part aux hostilités. Une enquête médicale a démontré que le soldat allemand qui avait été blessé l'avait été par une balle allemande. (Séance de la Commission d'enquête du 7 septembre 1914, 3e témoin.)

« Je demande, en outre, de donner au porteur une lettre
dûment scellée du sceau de la ville, déclarant que le solde, soit
1 million de francs, sera versé sans aucune faute le 1er septembre.

« J'attire l'attention de la ville qu'elle ne pourra compter en
aucun cas sur une prolongation de délai, car la population civile
de la ville s'est mise hors du droit des gens en tirant sur les
soldats allemands.

« *La ville de Wavre sera incendiée et détruite si le paiement
ne s'effectue pas à terme utile, sans égards pour personne, les
innocents souffriront avec les coupables.* »

VII. — Proclamation affichée, le 8 septembre 1914, à Grivegnée.

COMMUNE DE GRIVEGNÉE

AVIS TRÈS IMPORTANT

« M. le major-commandant Dieckmann, du Château des
Bruyères, me prie de porter ce qui suit à la connaissance des
habitants :

« Bataillon Dieckmann.

« Château des Bruyères, le 6 septembre 1914.

« A la présente discussion, assistaient :

« 1) M. le curé Fryns, de Bois-de-Breux ;
« 2) M. le curé Franssen, de Beyne ;
« 3) M. le curé Lepropres, de Heusay ;
« 4) M. le curé Paquay, de Grivegnée ;
« 5) M. le bourgmestre Dejardin, de Beyne ;
« 6) M. le bourgmestre Hodeige, de Grivegnée ;
« 7) M. le major Dieckmann ;
« 8) M. le lieutenant d. R. Reil.

« M. le major Dieckmann porte ce qui suit à la connaissance
des personnalités présentes :

« 1. — Jusqu'au 6 septembre 1914, à 4 heures de relevée,
toutes les armes, munitions, explosifs, pièces d'artifice qui sont

encore en possession des citoyens, seront remises (*sic*) au Château des Bruyères. *Celui qui ne le fera pas sera passible de la
peine de mort. Il sera fusillé sur place ou passé par les armes, à
moins qu'il prouve qu'il n'est pas fautif.*

« 2. — Tous les habitants des maisons occupées des localités de
Beyne-Heusay, Grivegnée, Bois-de-Breux, Fléron, devront rentrer chez eux à partir de la chute du jour (en ce moment à partir
de 7 heures du soir — heure allemande). Les maisons prédési-
gnées seront éclairées aussi longtemps que quelqu'un y sera sur
pied. Les portes d'entrée seront fermées. Celui qui ne se confor-
mera pas à ces prescriptions s'exposera à des peines sévères.
Toute résistance quelconque contre ces ordres entraînera la mort.

« 3. — Le commandant ne doit rencontrer aucune difficulté
dans ses visites domiciliaires. On est prié, sans sommation, de
montrer toutes les pièces de la maison. Quiconque s'y opposera
sera sévèrement puni.

« 4. — A partir du 7 septembre, à 9 heures du matin, je per-
mettrai l'occupation des habitations de Beyne-Heusay, Grivegnée,
Bois-de-Breux, par les personnes qui y demeuraient précédemment, aussi longtemps qu'aucune défense formelle de fréquenter
ces lieux n'aura été prononcée pour les habitants susvisés.

« 5. — Pour avoir la certitude qu'il ne sera pas abusé de cette
permission, les bourgmestres de Beyne-Heusay et de Grivegnée
devront dresser immédiatement des listes de personnalités qui
seront retenues, par alternance de vingt-quatre heures, comme
otages, au fort de Fléron. Le 6 septembre 1914, pour la première
fois, de 6 heures du soir jusqu'au 7 septembre, à midi.

« *Il y va de la vie de ces otages à ce que la population des communes précitées se tienne paisible en toutes circonstances.*

« Pendant la nuit, il est sévèrement défendu de produire des
signaux lumineux quelconques. La circulation des vélocipèdes
n'est autorisée que de 7 heures du matin à 5 heures du soir
(heure allemande).

« 6. — Je désignerai, hors des listes qui me sont soumises, les
personnalités qui, de midi d'un jour à midi de l'autre jour, ont à
séjourner comme otages. Si le remplacement n'a pas lieu en
temps utile, l'otage reste de nouveau vingt-quatre heures au fort.
*Après ces nouvelles vingt-quatre heures, l'otage encourt la peine
de mort si le remplacement n'est pas fait.*

« 7. — *Comme otages, sont placés en première ligne les prêtres, les bourgmestres et les autres membres de l'Administration.*

« 8. — *J'exige que tous les civils qui circulent dans ma circonscription, principalement ceux des localités de Beyne-Heusay,
Fléron, Bois-de-Breux, Grivegnée, témoignent de la déférence
envers les officiers allemands, en ôtant leurs chapeaux ou en
portant la main à la tête comme pour le salut militaire. En cas
de doute, on doit saluer tout militaire allemand. Celui qui ne
s'exécute pas doit s'attendre à ce que les militaires allemands se
fassent respecter par tous les moyens.*

« 9. — Il est permis aux militaires allemands de visiter les vé-
hicules, paquets, etc., de tous les habitants des alentours. Toute
résistance à ce sujet sera punie sévèrement.

« 10. — *Celui qui a connaissance que des quantités supérieures
à 100 litres de pétrole, benzine, benzol et d'autres liquides ana-
logues se trouvent à un endroit déterminé des communes précitées
et qui ne l'a pas annoncé au commandant militaire qui y siège,
lorsqu'il n'y a aucun doute sur le lieu et la quantité, encourt la
mort.* Les quantités de 100 litres sont seulement visées.

« 11. — *Celui qui n'obtempère pas de suite au commandement
« levez les bras » se rend coupable* (sic) *de la peine de mort.*

« 12. — *L'entrée du Château des Bruyères,* de même que celle
des allées du parc, *est interdite sous peine de mort,* depuis le
crépuscule jusqu'à l'aube (de 6 heures du soir à 6 heures du
matin — heure allemande), à toutes les personnes qui ne sont
pas des soldats de l'armée allemande.

« 13. — Pendant le jour, l'entrée du Château des Bruyères
n'est permise que par l'entrée nord-ouest, là où se trouve la
garde, et pour autant de personnes qu'il y a de cartes d'entrée
distribuées. Tout rassemblement à proximité de la garde est défendu dans l'intérêt de la population.

« 14. — Quiconque, par la communication de fausses nouvelles qui seraient de nature à nuire au moral des troupes allemandes, de même celui qui, de n'importe quelle manière, cherche
à prendre des dispositions contre l'armée allemande, *se rend sus-
pect et encourt le risque d'être fusillé sur-le-champ.*

« 15. — Tandis que, par les dispositions susvisées, les habitants
de la région de la forteresse III B sont menacés de peines sévères
lorsqu'ils enfreignent ces dispositions d'une manière quelconque,

ces mêmes habitants peuvent, lorsqu'ils se montrent paisibles, compter sur la protection la plus bienveillante et le secours en toutes occasions lorsqu'on leur fait ou pourrait faire du tort.

« 16. — Les demandes de remise de bétail pour une quantité déterminée se font journellement, de 10 à 12 heures, avant midi, et de 2 à 3 heures après midi, au Château des Bruyères, auprès de la commission du bétail.

« 17. — Celui qui, sous l'égide de l'insigne de la Convention suisse, nuit ou même cherche à nuire à l'armée allemande et est découvert, *est pendu.*

« (s) Dieckmann, *major-commandant.*

« Pour copie conforme :

« *Le Bourgmestre,* Victor Hodeige.

« Grivegnée, le 8 septembre 1914. »

VIII. — Sommation de capituler.

« 4 septembre 1914.

« *Au Commandant de Termonde et en même temps au Bourg-mestre de Termonde.*

« Les Allemands ont pris Termonde. Nous avons placé tout autour de la ville de l'artillerie de siège du plus gros calibre. Encore maintenant on ose tirer des maisons sur quelques troupes allemandes. La ville et la forteresse est sommée (*sic*) de hisser immédiatement le drapeau blanc et de cesser de combattre. Si vous ne donnez pas suite immédiate à notre sommation, la ville sera rasée en un quart d'heure par un bombardement des plus graves.

« Toutes les forces armées de Termonde déposeront les armes immédiatement à la porte de Bruxelles à la sortie méridionale de Termonde. Les armes des habitants seront déposées en même temps au même lieu.

« *Le Général commandant les troupes allemandes devant Termonde,*

« (s) : Von Boehn. »

IX. — Proclamation affichée à Bruxelles, le 25 septembre 1914.

GOUVERNEMENT GÉNÉRAL EN BELGIQUE

« Il est arrivé récemment, dans les régions qui ne sont pas actuellement occupées par des troupes allemandes plus ou moins fortes, que des convois de camions ou des patrouilles ont été attaqués par surprise par les habitants.

« J'appelle l'attention du public sur le fait « qu'un registre » des villes et des communes dans les environs desquelles de pareilles attaques ont eu lieu, « est dressé, et qu'elles auront à « s'attendre à leur châtiment dès que les troupes allemandes « passeront à leur proximité. »

« Bruxelles, 25 septembre.

« *Le Gouverneur général de Belgique,*

« Baron von der Goltz, feld-maréchal. »

X. — Avis affiché, le 5 octobre 1914, à Bruxelles, et, vraisemblablement, dans la plupart des communes du pays.

« Dans la soirée du 25 septembre, la ligne de chemin de fer et le télégraphe ont été détruits sur la ligne Lovenjoul-Vertryck. A la suite de cela, les deux localités citées ont eu, le 30 septembre au matin, à en rendre compte et ont dû livrer des otages.

« A l'avenir, les localités les plus rapprochées de l'endroit où de pareils faits se seront passés — *peu importe qu'elles soient complices ou non* — seront punies sans miséricorde. A cette fin, des otages ont été emmenés de toutes les localités voisines des voies ferrées menacées par de pareilles attaques et, à la première tentative de détruire les voies de chemin de fer, les lignes du télégraphe ou du téléphone, ils seront immédiatement fusillés.

« En outre, toutes les troupes chargées de la protection des
voies ferrées ont reçu l'ordre de fusiller toute personne s'appro-
chant de façon suspecte des voies de chemin de fer ou des lignes
télégraphiques ou téléphoniques.

> « *Le Gouverneur général de Belgique,*
>
> « Baron VON DER GOLTZ, feld-maréchal. »

XI. — Avis affiché à Bruxelles, le 1er novembre 1914.

« Un tribunal de guerre légalement convoqué a prononcé le
28 octobre les condamnations suivantes :

« 1° Contre l'agent de police de Ryckere pour avoir attaqué,
dans l'exercice légal de ses fonctions, un agent dépositaire de
l'autorité allemande, pour lésions corporelles volontaires commises en deux cas, de concert avec d'autres, pour avoir procuré
l'évasion d'un détenu dans un cas et pour avoir attaqué un soldat
allemand :

> « 5 ans de prison.

« 2° Contre l'agent de police Seghers pour avoir attaqué, dans
l'exercice légal de ses fonctions, un agent dépositaire de l'autorité allemande, pour lésions corporelles volontaires de cet agent
allemand et pour avoir procuré l'évasion d'un détenu (toutes les
infractions constituant un seul fait) :

> « 3 ans de prison.

« Les jugements ont été confirmés le 31 octobre 1914 par
M. le gouverneur général baron von der Goltz.

« La ville de Bruxelles, sans faubourgs, a été punie pour
l'attentat commis par son agent de police de Ryckere contre un
soldat allemand, d'une contribution additionnelle de

> « 5 millions de francs.

« Bruxelles, 1er novembre 1914.

> « *Le Gouverneur de Bruxelles,*
>
> « Baron VON LUTTWITZ, général. »

Qui s'étonnerait, après de pareilles publications, des meurtres,

des incendies, des pillages, des destructions commises partout
où l'armée allemande a rencontré une résistance? Qu'un corps
allemand, que des patrouilles aient été accueillis à l'entrée d'un
village par des coups de feu tirés par des soldats appartenant à
des troupes régulières, forcés ensuite de se replier, la population
en est déclarée responsable : les civils sont accusés d'avoir tiré
ou coopéré à la défense, et, sans enquête, la localité est livrée au
pillage et à l'incendie, une partie de ses habitants est massacrée.

La Commission d'enquête l'a déjà signalé dans son rapport du
10 septembre (3ᵉ rapport).

Les faits qu'elle a enregistrés depuis n'ont fait que confirmer
ses conclusions. Les actes odieux commis sur toutes les parties
du territoire se présentent avec un caractère de généralité tel
qu'on peut en faire peser la responsabilité sur l'armée allemande
tout entière. Ils ne sont que l'application d'un système préconçu,
la mise en pratique d'instructions qui ont fait des troupes ennemies opérant en Belgique « une horde de barbares et une bande
d'incendiaires ».

Les rapports que la Commission a eu l'honneur de vous adresser jusqu'ici, Monsieur le Ministre, concernent spécialement des
faits dont les villes d'Aerschot et de Louvain et des communes
des provinces d'Anvers et du Brabant ont été le théâtre. De nouveaux rapports vous seront très prochainement envoyés ; ils vous
permettront de vous rendre compte de la gravité des actes commis par les envahisseurs dans d'autres parties du pays, notamment dans les provinces de Liége, de Namur, du Hainaut et des
Flandres.

Les Secrétaires,   *Le Président,*

Chᵉʳ ERNST DE BUNSWYCK,   COOREMAN.
ORTS.

Le Vice-Président,

Comte GOBLET D'ALVIELLA.

SEPTIÈME RAPPORT

Emploi de balles expansives par les troupes allemandes. — Mauvais traitements infligés aux blessés
et aux prisonniers. — Attaques d'ambulances. —
Internement de médecins. — Obligation imposée à
des civils de participer à des opérations militaires
et de marcher devant les troupes allemandes. —
Bombardements.

Le Havre, le 5 décembre 1914.

A Monsieur CARTON de WIART, Ministre de la Justice.

Monsieur le Ministre,

La Commission d'enquête, dans son deuxième rapport, vous a
signalé que des balles expansives ont été abandonnées par les
troupes allemandes sur le champ de bataille de Werchter, et que
des certificats médicaux constatent que des soldats belges ont été
atteints par des balles de ce genre.

L'armée allemande, opérant en Belgique, a continué à faire
usage de balles prohibées.

La Commission d'enquête croit devoir reproduire quelques
documents qui en fournissent la preuve et que nous choisissons
parmi les certificats qui nous sont parvenus :

Emploi de balles explosives pour fusil et pistolet
par l'armée allemande dans le combat livré à Werchter,
le 25 août 1914 ([1]).

« Nous soussignés, docteurs en médecine, au 4ᵉ régiment des
lanciers, déclarons avoir donné des soins après le combat du
26 août 1914, à Werchter, à un soldat du 5ᵉ régiment des lanciers ; le blessé portait à l'avant-bras gauche une plaie dont

---

([1]) Séance de la Commission d'enquête du 31 août 1914.

l'étendue et l'aspect nous font croire qu'elle ne peut provenir que d'une balle explosive, aucun shrapnell n'ayant été tiré par l'ennemi au cours de l'action engagée contre les lanciers.

« Fait à Ranst, le 27 août 1914.

« Dr ATTICHAUX.

« Dr VAN DE MAELE.

« Vu :

« *Le Colonel, adjoint d'état-major, commandant,*

« GILLAIN.

« Les balles explosives ci-jointes pour fusil et pistolet, ont été ramassées à Werchter sur la position abandonnée par l'ennemi le mardi 25 au soir.

« *Le Commandant, adjoint d'état-major,*

« DUBOIS. »

Emploi de balles dum-dum, à Lubbeek, le 10 septembre 1914 ([1]).

Le 10 septembre 1914, j'ai été appelé à donner mes soins au carabinier cycliste Leurs, blessé dans un service de patrouille près de Lubbeek. Deux faits contraires aux coutumes de la guerre sont à signaler :

1° Le soldat Leurs était frappé d'une balle dum-dum. Le membre inférieur gauche était complètement déchiqueté depuis les malléoles au milieu de la cuisse ; les fragments d'os sortaient des chairs. Une amputation du membre était indispensable pour sauver la vie du malheureux.

. . . .

Grâce à l'arrivée d'une auto-mitrailleuse belge, venue à notre secours, je pus ramener le blessé au village de Rhode-Saint-Pierre, où M. le Dr Derymaker a pu constater avec moi l'état et la gravité des blessures.

Wyneghem, le 2 septembre 1914.

Le Médecin de bataillon de 2e classe,
attaché à la 1re compagnie de carabiniers cyclistes,
Dr Léon PIERRE.

_____

([1]) Séance de la Commission du 23 septembre 1914.

N. B. — Un deuxième carabinier cycliste, le soldat Piette, qui faisait partie de la même patrouille, a été tué par une même balle et enterré par mes soins, route de Tirlemont à Louvain.

Le Major commandant le bataillon cycliste,
E. SIRON.

Emploi des balles dum-dum, le 4 septembre 1914,
au combat de Capelle-au-Bois ([1]).

Monsieur l'Inspecteur général,

J'ai l'honneur de porter à votre connaissance que, le 4 septembre 1914, le soldat Lowie, Alphonse-Joseph, du 3e régiment de chasseurs à pied, 1er bataillon, 2e compagnie, a essuyé, de la part d'une patrouille allemande, deux balles dum-dum; la première lui a fracassé la bouche, la seconde, reçue dans la cuisse gauche, y a occasionné un trou de la grandeur d'un poing. A côté de cela, cet homme avait reçu dans les fesses, plusieurs autres balles, qui avaient provoqué des lésions normales, c'est-à-dire un petit orifice d'entrée de la grandeur d'une cigarette.

Le Médecin de bataillon, chef de service
au 3e chasseurs à pied,
Dr COUVREUR.

Vu et certifié conforme :

J'ai vu cet homme quelques instants après qu'il avait été blessé et ai relaté dans mon rapport sur le combat que la blessure à la figure (j'ignorais celle de la cuisse) provenait certainement d'une balle expansive, ou, en tout cas, d'un projectile non admis par les règles de la guerre.

Cette blessure a été occasionnée par une patrouille allemande, le 4 septembre 1914, à 6 heures du matin, à 600 mètres au sud de l'écluse de Capelle-au-Bois.

Le Commandant de la compagnie.

A Monsieur l'Inspecteur général du Service de santé,
attaché à la Maison du Roi.

([1]) Séance du 23 septembre 1914.

Saisie de balles dum-dum au combat de Ninove,
le 26 septembre 1914 ([1]).

Quartier Général à Gand,
le 29 septembre 1914.

Monsieur le Ministre,

J'ai l'honneur de vous envoyer ci-jointes des cartouches à balle
du modèle dit « dum-dum », saisies sur le oberleutnant hano-
vrien von Hadeln, fait prisonnier à Ninove, par mes troupes, le
29 courant.

Le pistolet de cet officier, jeté par lui peu avant sa capture, n'a
pu être retrouvé.

Le Lieutenant général, gouverneur militaire,
L. CLOOTEN.

Ces cartouches, actuellement encore en la possession de la
Commission d'enquête, ont été soumises par elle à l'examen d'un
expert. Celui-ci a fait le rapport suivant :

« La boîte à étiquette verte que vous me présentez (20 patro-
nen, n° 403 für die Mauser, selbstlade pistole, calibre 7,63)
devrait contenir des cartouches pleines. Elle contient un ratelier
sur trois de balles expansives dum-dum extraites de boîtes spéciales à étiquettes jaunes. Ces balles sont rendues expansives
dans la fabrication, et il n'est pas possible de les rendre telles à
la main.

« Anvers, le 28 septembre 1914.

« V. ROUSSEAUX,

« Armurier-expert. »

Emploi de balles expansives, le 27 septembre,
au combat d'Alost ([2]).

Gand, le 30 septembre 1914.

Monsieur le Ministre d'État Cooreman,

Nous avons l'honneur de faire rapport sur le cas spécial que
nous avons eu à traiter :

----

(1) Séance du 28 septembre 1914.
(2) Séance du 2 octobre 1914.

Le soldat Théophile Levant, du 5ᵉ lanciers, a été blessé le 27 septembre à midi, par une balle expansive dans le combat d'Alost. L'orifice d'entrée, correspondant au diamètre de la balle, siège à la réunion du tiers inférieur avec le tiers moyen de la face antérieure de l'avant-bras droit.

La balle a éclaté emportant tous les os du carpe, les têtes des quatre derniers métacarpiens et les tissus mous de la face dorsale du poignet. A la face antérieure, la peau a été déchirée en différents endroits. Les lésions étaient telles qu'il a fallu procéder à l'amputation de l'avant-bras.

L'opération a été faite le 27 septembre, à 8 heures du soir, par les Dʳˢ Van de Velde, Neirynck et De Bruyker. Assistaient également à l'opération, le Dʳ Bossaerts, médecin en chef de la Croix-Rouge de Gand, les infirmières de service, Mᵐᵉˢ M. Lippens, E.-J. Braun, P. Lippens, Mˡˡᵉˢ de Hemptinne et Lamont et les infirmiers, MM. Braun et Carpentier.

Ci-joint deux photographies et une radiographie (¹) de la main amputée. La pièce elle-même est conservée.

(Signé) Dʳ J. Van de Velde, Dʳ Neirynck, Dʳ De Bruyker, Mᵐᵉ Lippens, S. Lippens, A. de Hemptinne, Emma Lamont, Dʳ Bossaerts, A. Braun, E.-J. Braun, René Carpentier.

* *
*

Les faits constatés ci-après vous permettront d'apprécier la manière dont se sont comportées, dans certaines circonstances, les troupes allemandes à l'égard des blessés et des prisonniers.

La Commission, dans ses rapports antérieurs, a cité le cas de deux soldats belges blessés qui furent jetés, entre Impde et Wolverthem, dans une maison qui brûlait (²), celui de 26 blessés et prisonniers belges qui, le 18 août, à Aerschot, furent fusillés (³).

Les faits de ce genre sont nombreux.

(1) Ces pièces, *dont nous donnons la reproduction hors texte,* se trouvent dans les archives de la Commission.
(2) 2ᵉ rapport.
(3) 5ᵉ rapport.

Le maréchal des logis Baudouin Van de Kerchove, du 3ᵉ régiment des lanciers, déclare qu'étant blessé de deux balles allemandes à la bataille d'Orsmael, le 10 août 1914, malgré ses blessures, les Allemands le maltraitaient et l'un d'eux lui arracha la carabine des mains, la fit tournoyer au-dessus de la tête et lui en infligea un formidable coup sur les reins. Voyant qu'il vivait encore, un autre le mit en joue à 2 mètres. Heureusement, la balle ne fit que lui effleurer le ventre [1].

Au cours du même engagement, un carabinier cycliste belge, tombé entre les mains des Allemands, a été trouvé pendu à une haie. Le fait a été attesté par plusieurs témoins, notamment par le curé du village qui présida à l'inhumation [2].

Le 16 août, les soldats français blessés la veille, à la bataille de Dinant, ont été retrouvés la tête fracassée à coups de crosse de fusil [3].

Le 23 août, à Namur, les soldats allemands, après avoir fait sortir les blessés allemands, tuèrent quatre soldats blessés, deux Belges et deux Français, qui étaient soignés dans la clinique du Dʳ Bribosia, transformée en ambulance. Ils incendièrent ensuite la clinique [4].

Le 25 août, à Hofstade, près de Malines, un soldat belge, appartenant à un régiment des carabiniers, légèrement blessé, a été achevé à coups de crosse qui lui ont défoncé la tête [5].

Sur les 22 soldats de la même arme trouvés morts dans un petit bois situé à droite de la route de Malines-Tervueren, avant le Baarbeck, 18 avaient été achevés à coups de baïonnette portés à la tête ; leurs blessures faites par des balles n'étaient qu'insignifiantes et n'avaient pu que les empêcher de s'échapper ; seuls, les quatre hommes atteints de blessures mortelles ne portaient pas de trace de coup de baïonnette [6].

Le 25 août, dans le combat livré aux environs de Sempst, le

---

(1) Déclaration signée à Gand le 17 août 1914.

(2) Témoignages du capitaine Van Dezande, du bataillon cycliste, et du cavalier Bogaert, du 3ᵉ régiment des lanciers.

(3) Séance du 30 septembre 1914, pièce 3.

(4) Séances du 29 août 1914, 2ᵉ témoin, du 28 septembre 1914, annexe 1, et du 2 octobre 1914, pièce 7.

(5) Séance du 27 août 1914, 7ᵉ témoin.

(6) Séance du 12 octobre 1914, 4ᵉ témoin.

soldat Lootens, du 24ᵉ de ligne, chargé de relever les blessés avec le personnel ambulancier, a aperçu à une cinquantaine de mètres deux soldats belges, lesquels avaient été liés à un arbre. Ces militaires portaient encore leurs effets : leur veste était ouverte et permettait de constater qu'on leur avait ouvert le ventre. On apercevait très bien les entrailles qui en sortaient (¹).

Le 25 août, à 4 heures de l'après-midi, une infirmière soignant des blessés à Eppeghem a vu un soldat allemand achever à coups de crosse sur la tête un soldat belge blessé légèrement au bas de la figure (²).

Le colonel commandant le 2ᵉ régiment de chasseurs à cheval constate, dans un rapport du 17 septembre 1914, que le « cavalier de 2ᵉ classe du 2ᵉ régiment des chasseurs à cheval, Baechelandt (Richard), est renseigné comme ayant été tué par les Allemands au cours d'une reconnaissance effectuée le 6 septembre 1914. D'après les témoins, ce cavalier a été retrouvé les deux mains liées ensemble, par une lanière de cuir. Il aurait donc été blessé, fait prisonnier, puis achevé par un coup de baïonnette qui lui a ouvert le ventre. Les traces de constriction des poignets étaient encore visibles quand le Dʳ Leman a visité le cadavre (³).

Le 11 septembre 1914, le nommé Burm (Joseph-Louis), du 24ᵉ régiment de ligne, a déclaré que, fait prisonnier par les Allemands près d'Aerschot, ceux-ci, pour l'obliger à parler, lui ont plongé les mains dans une marmite d'eau bouillante ; le médecin Thoné, attaché au 24ᵉ de ligne, a constaté que l'intéressé portait encore des traces de brûlures.

Burm a déclaré avoir vu soumettre deux autres soldats à des tortures : l'un d'eux, qui s'était rebellé, a été saisi par les Allemands, qui lui ont tenu bras et jambes et lui ont tordu le cou jusqu'à ce que la mort s'ensuivît ; le second a eu un doigt coupé (⁴).

L'abbé Van Crombruggen a fait, le 27 octobre 1914, le rapport suivant :

« Le 20 octobre 1914, après l'attaque des soldats allemands au

(1) Séance du 8 septembre 1914.
(2) Séance du 9 septembre 1914.
(3) Séance du 12 septembre 1914.
(4) Séance du 21 septembre 1914.

pont de Dixmude, le matin, vers 3 heures, le soussigné, ainsi que,
entre autres, les témoins dont les noms suivent, ont constaté le
fait suivant : Le corps de Camille Poncin, sous-lieutenant au
12e de ligne, III, 2, se trouvait dans une position indiquant, à
toute évidence, qu'il avait été fusillé. En effet, on l'avait lié, au
moyen d'un fil de fer, enroulé une dizaine de fois autour des
jambes, à la hauteur des chevilles. Cette opération terminée, la
victime a été fusillée, soit dans la position debout, soit à genoux.
Le cadavre, la tête fortement projetée en arrière, reposait sur la
face dorsale, les genoux souillés de terre, et les talons rejoignant
le corps. Le malheureux se sera affaissé sur les genoux pour
retomber en arrière, à moins qu'il n'ait été contraint de s'agenouiller avant la fusillade. La poitrine portait très apparemment
la trace de nombreuses balles.

« Fr. Van Crombruggen,

« Aumônier militaire, III, 12e de ligne.

« Mathieu (Jacques) ; Dreessen (Henri) ; Boers (Mathieu) ;
Jodogne (Théodore), Soldats au 12e de ligne. »

* *
*

Pendant la durée du voyage, les blessés et les prisonniers
transférés en Allemagne ont été fréquemment privés de nourriture et des soins les plus élémentaires. Les prisonniers anglais,
surtout, sont l'objet de mauvais traitements.

La Croix-Rouge de Verviers a organisé un service de ravitail-
lement pour les blessés et les prisonniers de passage dans cette
ville. Le 18 septembre, vers 5 heures du soir, un train comprenant plusieurs wagons de prisonniers anglais a traversé la gare
de l'Est. Les Allemands ont empêché les ambulanciers de leur
donner à manger. Un autre train contenait des blessés français et
des blessés anglais. Les sentinelles ont permis à un ambulancier
de soigner les Français, mais lui ont interdit de donner des soins
aux Anglais. Les témoins rapportent que ces faits se reprodui-
sent couramment.

Le mercredi 16 septembre, les Allemands descendirent à la

Blessure de balle expansive allemande. (Voir le 7ᵉ Rapport, p. 93.)

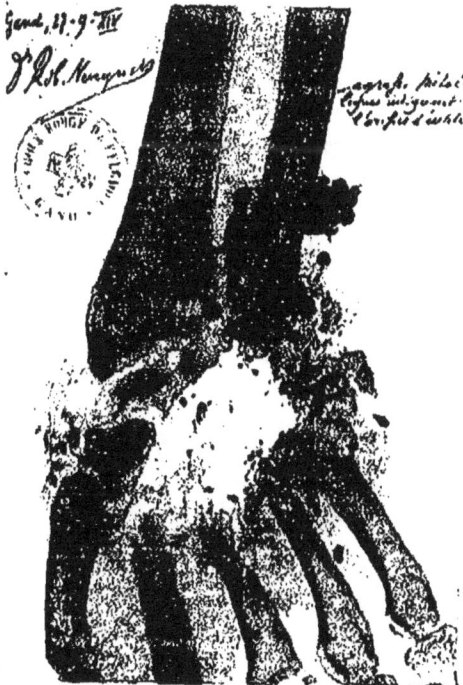

Radiographie de la main blessée.

dispersés. Sur une colonne d'environ 500 personnes, une centaine à peine ont pu s'échapper (1).

Le 26 août 1914, vers 3 heures, sur la route de Werchter à
Haecht, une voiture portant un fanion de la Croix-Rouge et trans-
portant trois blessés, a été attaquée par des Allemands; de nombreux coups de feu furent tirés; une balle traversa la carrosserie
et transperça les jambes des deux blessés qui se trouvaient dans
l'auto (2).

Les hôpitaux de Heyst-op-den-Berg et de Malines n'ont pas
été respectés par les troupes allemandes bombardant ces localités, alors que le drapeau de la Croix-Rouge flottait bien osten-
siblement sur ces établissements (3).

Pénétrant dans Namur le 19 août 1914, elles criblèrent de
balles l'hôpital (4).

Le 27 septembre, les Allemands ont capturé, au mépris des
dispositions de l'article 14 de la Convention de Genève, une voiture d'ambulance, après avoir abattu deux chevaux et blessé un
brancardier qui a été fait prisonnier.

Déjà à Haelen, ils avaient pris une section d'hospitalisation de
la 2ᵉ division d'armée, et, à Liége, ils ont retenu deux trains sa-
nitaires (5).

Le 28 septembre, une voiture d'ambulance hippomobile conte-
nant un médecin auxiliaire, un aumônier brancardier ainsi que
le conducteur a été l'objet du tir systématique des Allemands :
ils ont été tous trois gravement blessés (6).

Par lettre du 22 septembre 1914, l'inspecteur général du Service de Santé de l'armée a signalé à la Commission que l'ennemi
retint à Liége des membres du personnel sanitaire, bien qu'ils
fussent sans emploi et qu'il en a envoyé d'autres en Allemagne (7).

D'autres membres du personnel sanitaire ont été retenus à
Namur, l'oberartz déclarant qu'il était de l'intérêt des Allemands

_____

(1) Séance du 10 septembre 1914.
(2) Séance du 31 août 1914.
(3) Séances du 31 août et du 26 septembre 1914.
(4) Séance du 28 novembre 1914.
(5) Séance du 2 octobre 1914.
(6) Séance du 2 octobre 1914.
(7) Séance du 2 octobre 1914.

de ne point permettre aux médecins de rejoindre l'armée à Anvers pour priver celle-ci de secours médicaux, « la maladie et l'épidémie étant pour eux un atout de plus » (1).

La Commission juge devoir attirer spécialement votre attention, Monsieur le Ministre, sur les pièces ci-jointes, à raison du caractère particulièrement odieux que revêt, dans le cas qui vient de nous être signalé, la transgression de la Convention de Genève.

SERVICE DE SANTÉ DE L'ARMÉE.
INSPECTION GÉNÉRALE.
N° 443.
Dunkerque, le 14 novembre 1914.

J'ai l'honneur de vous faire parvenir une lettre de M. le professeur L. Fredericq, de Liége, ainsi que la réponse que je lui ai adressée.

J'attire votre attention sur cette nouvelle transgression de la Convention de Genève. Je crois qu'il serait utile de la porter à la connaissance des puissances intéressées.

L'Inspecteur général,
attaché à la Maison militaire du Roi,
(s) Dr MELIS.

UNIVERSITÉ DE LIÉGE.
Liége, le 2 novembre 1914.
A Monsieur le Dr Melis,
chef du Service de Santé de l'armée belge,
Ministère de la Guerre belge, au Havre.

Très honoré Confrère,

Mon fils, le Dr Henri Fredericq, qui s'était engagé au début de la campagne, avait dirigé le service médical du fort de Chaudfontaine, puis avait été employé dans les ambulances allemandes de Liége, a quitté Liége le mardi 27 octobre pour venir se mettre à la disposition des autorités belges au Havre (2). Il l'a fait en enfreignant une défense de son chef, le docteur allemand Westphal.

_____

(1) Séance du 28 septembre 1914.
(2) M. le Dr Henri Fredericq a été indûment retenu comme prisonnier, après la prise du fort de Chaudfontaine, alors qu'il n'était pas belligérant et qu'en sa qualité de médecin ambulancier la Convention de Genève ne permettait pas son arrestation.

L'autorité allemande m'a rendu responsable de la fuite de mon fils et me retient prisonnier au fort de la Chartreuse *jusqu'à ce que mon fils rentre à Liége*. Ce dernier en sera quitte, s'il se représente volontairement, pour trois jours d'arrêts. Plus tard, il sera peut-être envoyé pour soigner les prisonniers belges au camp de Munster (Hanovre), non comme punition, mais comme service médical normal.

Je vous saurais gré, Monsieur et très honoré Confrère, de vouloir bien permettre à mon fils de rentrer à Liége, ce qui mettra fin à ma captivité.

Veuillez agréer, avec l'assurance de mes sentiments de haute considération, le souvenir de notre ancienne camaraderie à l'Université de Gand.

Votre dévoué,

(s) Léon FREDERICQ,
professeur de physiologie à l'Université de Liége.

Si la lettre que j'ai envoyée à mon fils ne lui était pas parvenue, veuillez le mettre au courant de la situation.

Dunkerque, le 14 novembre 1914.

SERVICE DE SANTÉ.
INSPECTION GÉNÉRALE.
N° 443.

Monsieur le Professeur et cher Confrère,

En réponse à votre lettre du 2 courant, j'ai l'honneur de vous faire connaître qu'il ne m'est pas possible d'autoriser votre fils à rentrer à Liége. Je transmets votre lettre à M. le ministre de la Guerre, qui statuera. Je doute, cependant, qu'il y donne une suite favorable.

C'est, d'ailleurs, abusivement que l'autorité militaire allemande s'est permis de vous retenir comme otage pour le départ de votre fils. Celui-ci ne pouvait lui-même être retenu, en vertu de l'article 12 de la Convention de Genève.

Je prie M. le ministre, en lui transmettant votre lettre, de signaler par la voie diplomatique aux neutres cette nouvelle

transgression du droit de la guerre à charge de l'autorité allemande.

Je crois que vous feriez bien, en vous basant sur le même
article de la Convention de Genève, d'invoquer à nouveau, auprès
de l'autorité militaire locale, le droit qu'avait votre fils de
rejoindre l'armée à laquelle il appartient aussitôt que ses services
auprès de nos blessés à Liége n'étaient plus nécessaires.

Veuillez agréer, cher Confrère, l'assurance de mes meilleurs
sentiments.

L'Inspecteur général,
attaché à la Maison militaire du Roi,

(s) MELIS.

A Monsieur le Docteur Fredericq,
professeur à l'Université de Liége.

Le 23 novembre 1914, les autorités militaires allemandes ont
arrêté à Anvers 24 médecins et 12 pharmaciens militaires belges.
Ils les ont internés à Heidelberg, où ils se trouvent encore
détenus.

Des témoins ont attesté que, le 26 août 1914, les colonnes
d'assaut allemandes, au combat qui s'est livré au sud de Schip-
laeken, hameau de Hofstade, étaient précédées du drapeau
blanc; que le 4 septembre 1914, sur la route de Lierre à Aerschot, les soldats allemands ont abusivement fait usage du drapeau
blanc pour tenter de s'emparer d'un officier belge faisant une
reconnaissance en auto-mitrailleuse [1].

Ils nous ont signalé que, le 25 août, à Houthem et à Eppeghem,
et le 17 septembre à Meysse, les Allemands ont arboré le drapeau
de la Croix-Rouge sur les bâtiments occupés par leurs troupes et
sur la caserne où ils avaient remisé leur artillerie [2].

*
* *

Nombreuses sont les dépositions de civils et de militaires qui
attestent que les Allemands les ont contraints à leur servir de

___

[1] Séances du 29 août et du 18 septembre 1914.
[2] Séances du 7 septembre 1914 et du 26 septembre 1914.

guide, les ont forcés à exécuter des travaux militaires ou ont fait marcher devant leurs troupes des soldats belges prisonniers et une partie de la population civile.

Les soldats Goffin, Heyvaerts et Hertleer déclarent que, faits prisonniers avec d'autres hommes de leur compagnie, le 6 août, ils ont été entraînés par les Allemands qui leur avaient lié les mains derrière le dos. Rencontrant à Saive une compagnie belge du 19ᵉ régiment de ligne, les Allemands les ont placés devant eux. A certain moment, ils leur ont ordonné de crier : « Belges, ne tirez plus, vous tirez sur des Belges. » Deux d'entre les prisonniers sont tombés, frappés par les balles de nos soldats (¹).

Le mardi 18 août, le nommé Rymen (Joseph), de Schaffen, a été contraint, avec deux habitants de Meldert, de précéder des troupes allemandes à travers la ville de Diest et ensuite à conduire ces troupes à Montaigu (²).

Le même jour, une patrouille allemande d'une dizaine d'hommes, commandée par un jeune lieutenant, arriva à Thildonck précédée d'un ouvrier belge qu'elle contraignait à lui servir de guide (³).

A Namur, les Allemands ont contraint les habitants du village à creuser, près du cimetière de Warisoul, des tranchées qui étaient exposées au tir des forts (⁴).

Les habitants de Bierwart ont été forcés de travailler à des travaux de défense le long de la chaussée (⁵).

Le 23 août, les Allemands ont placé des femmes et des enfants devant leur colonne d'attaque au pont de Lives, en face de Biez. Des femmes et des enfants furent atteints par le feu des Belges (⁶).

Dans de très nombreuses localités du Hainaut, les troupes allemandes se sont fait précéder de civils, hommes et femmes. C'est ainsi qu'une colonne allemande, traversant Marchienne, poussait devant elle un groupe de plusieurs centaines de civils. Elle se

---

(1) Séance du 19 septembre 1914.
(2) Séance du 20 août 1914.
(3) Séance du 3 septembre 1914.
(4) Séance du 5 septembre 1914.
(5) Séance du 8 septembre 1914.
(6) *Ibidem.*

dirigeait sur Montigny-le-Tilleul où se produisit le premier engagement important avec l'armée française ([1]).

Le 22 août 1914, les Allemands ont arrêté à Grimbergen, dans
leurs maisons, les nommés Olbrechts Jean, Van Campenhout
Arthur et Van Cappelen Auguste. Il les ont retenus pendant huit
jours. Pendant leur détention, ces hommes étaient contraints de
chercher, pendant le jour, sous le feu de l'artillerie, le matériel de
guerre abandonné et à creuser des tranchées, avec d'autres habitants de Grimbergen ([2]).

Le 24 août, le nommé de Vleeschouwer Michel, son frère
Joseph et leur père âgé de soixante-sept ans, habitant la même
localité, ont été poussés devant un groupe d'Allemands pour protéger ceux-ci contre la canonnade des Belges ([3]).

Le 25 août, à Eppeghem, toute la population mâle a été
emmenée par les Allemands pour la faire travailler à des tranchées ([4]).

A Sempst, des hommes et des femmes, pendant le combat du
25 août, ont été placés par les Allemands à la première ligne de
feu ([5]).

Le 25 août 1914, les Allemands ont contraint environ 200 personnes, hommes, femmes et enfants du village d'Hofstade à marcher devant eux. Arrivés chaussée de Tervueren, ils rencontrèrent
les troupes belges à une distance de 150 à 200 mètres. Les soldats
allemands tiraient derrière les prisonniers. Les Belges tirèrent de
côté de manière à ne pas atteindre ceux-ci ([6]).

Le 26 août, les Allemands emmenèrent, les mains liées derrière
le dos, un groupe de plus de 70 habitants de Louvain. Arrivés à
Hérent, au premier rang des unités, ils essuyèrent des coups de
feu, un léger engagement ayant lieu, en ce moment, entre fantassins. Le lendemain, on les dirigea sur Malines, leur disant qu'on
allait leur faire goûter de la mitrailleuse belge. Ils furent relâchés
aux avant-postes belges. Quatre heures après leur arrivée à
Malines, le bombardement de la ville commençait ([7]).

(1) Enquête du 30 septembre 1914.
(2) Séance du 1er septembre 1914.
(3) *Ibidem.*
(4) Séance du 7 septembre 1914.
(5) Séances du 27 août et du 15 septembre 1914.
(6) Déposition recueillie à Ostende, le 23 septembre 1914.
(7) Séances du 28 août et du 29 août 1914.

Le 29 août, à Hérent, les Allemands ont fait marcher devant l'armée 500 femmes et enfants précédés de deux curés de Wygmael et de Wesemael. De nombreux habitants de Louvain ont été obligés, pendant plusieurs jours, de fournir des marches forcées quotidiennes ou de creuser des tranchées [1].

Un millier d'habitants de Wygmael, hommes, femmes et enfants, ont été contraints, pendant une dizaine de jours, de suivre les troupes allemandes pendant les combats [2].

Le 12 septembre, à Erpe, une colonne allemande de 200 à 300 hommes, attaquée par une auto-mitrailleuse belge, a pris dans les maisons 20 à 25 hommes et jeunes gens, y compris un garçonnet de treize ans; elle s'est fait précéder de ces prisonniers, qu'elle a placés au milieu de la chaussée. Deux jeunes gens ont été blessés par une balle dans le haut de la cuisse. Les servants de la mitrailleuse, s'apercevant que des prisonniers civils étaient placés devant eux, cessèrent le feu. Le témoin ajoute qu'à un moment donné il a clairement entendu donner l'ordre de fusiller tous les prisonniers si les Belges tiraient encore [3].

Le samedi 26 septembre 1914, au combat d'Alost, les Allemands ont fait marcher devant eux, alors qu'ils attaquaient les troupes belges, plusieurs habitants d'Alost, dont voici les noms : Franz Meulebroeck, Cornélis Van Hat, Émile Van der Meersch, Gustave Droesat et son frère Alphonse, Louis Ongena et François Buyd. Les soldats belges leur ayant crié de se laisser tomber, Franz Meulebroeck a été atteint par une balle allemande. Les Allemands ayant été repoussés, les civils ont pu fuir [4].

*
* *

Les dispositions des articles 25, 26 et 27 du règlement concernant les lois et coutumes de la guerre sur terre, qui ont trait au bombardement, n'ont pas été respectées. De nombreuses localités ouvertes et non défendues ont été bombardées.

La Commission a déjà signalé le bombardement de Bourg-Léo-

---

(1) Séance du 4 septembre 1914.
(2) Séance du 5 septembre 1914.
(3) Séance du 22 septembre 1914.
(4) Séance du 12 octobre 1914.

pold et de Heyst-op-den-Berg, villages ouverts, non défendus. Les villes de Malines, d'Alost, de Termonde ont de même été bombardées alors qu'aucune force armée ne les défendait. Les édifices consacrés aux cultes, aux arts, aux sciences, à la bienfaisance, les monuments historiques, les hôpitaux n'ont pas été épargnés. La cathédrale de Malines, l'église de Notre-Dame à Termonde, notamment, ont été systématiquement visées. Les Halles d'Ypres, monument artistique incomparable, ont été détruites.

Des projectiles ont été lancés du haut de ballons ou d'avions, en opposition avec les prescriptions des conventions internationales. A deux reprises, des bombes ont été jetées à Anvers, du haut d'un zeppelin, dans des conditions qui constituent une violation des lois de la guerre.

Dans la nuit du 1er au 2 septembre 1914, un dirigeable allemand a lancé plusieurs projectiles sur les communes de Semmersaeke et de Vosselaere, villages non défendus.

Le 4 septembre, dans la matinée, une grenade a été jetée sur la ville d'Eecloo, ville ouverte, non défendue. Le 5 septembre, deux grenades ont été lancées, du haut d'un aéroplane allemand, sur la ville de Gand, ville ouverte, non défendue.

Le 25 septembre, un zeppelin a survolé Ostende et jeté quatre bombes sur cette ville ouverte, non défendue.

Dans la nuit du 26 au 27 septembre, un zeppelin a jeté quatre bombes sur la ville de Deynze, ville ouverte et non défendue. Trois d'entre elles ont atteint le couvent des sœurs de Saint-Vincent-de-Paul (rue du Moulin), occupé par des malades, des orphelines, des réfugiées, etc., au nombre d'environ 200, et y ont provoqué une panique indescriptible.

Le 29 septembre, un zeppelin a laissé tomber, vers 1 heure, trois bombes sur Dottignies et deux sur Thielt, localités ouvertes et non défendues.

Les Secrétaires,   *Le Président,*
(s) Cher ERNST DE BUNSWYCK,   (s) COOREMAN.

ORTS.   *Le Vice-Président,*
                    Comte GOBLET d'ALVIELLA.

HUITIÈME RAPPORT

Destructions et massacres dans la province de Luxembourg.

Le Havre, le 20 décembre 1914.

A Monsieur CARTON de WIART, Ministre de la Justice.

Monsieur le Ministre,

Nous avons l'honneur de placer sous vos yeux un rapport résumant les conclusions d'une enquête, faite sur les lieux, concernant les actes de violence et de pillage, les incendies et les meurtres d'habitants paisibles, qui ont marqué le passage de l'armée allemande à travers la province du Luxembourg, au cours des mois d'août et de septembre 1914.

Prises d'otages.

Les Allemands ont systématiquement pris des otages. Le traitement de ceux-ci a beaucoup varié. Dans certaines localités, ils n'ont pas été sérieusement maltraités; dans d'autres, ils ont subi des traitements indignes. C'est ainsi qu'à Marche, les trois principaux fonctionnaires de la localité ont, à tour de rôle et pendant des semaines, été retenus prisonniers dans une cellule de la prison où sont enfermés les malfaiteurs de droit commun. Ailleurs, les otages pris dans un village ont été transportés dans d'autres localités de la province et y ont été emprisonnés pendant des semaines. Enfin certains otages ont été emmenés en Allemagne et y sont encore détenus à l'heure actuelle. En général, depuis leur détention en Allemagne, ils n'ont pas été maltraités, mais quelques-uns d'entre eux ont, pendant la durée du voyage, été soumis à de mauvais traitements. Ils ont été privés de nourriture, de repos, et ont été l'objet de sévices de la part des soldats et de la population.

Pillages.

Dans presque toutes les localités citées ci-après et dans d'autres encore où les excès présentèrent un caractère de moindre gravité, le pillage a été systématique et complet. Les soldats ne se sont point contentés de s'emparer, sans aucun bon de réquisition, des vivres, du bétail, des chevaux dont ils avaient besoin. Ils ont enlevé de force des habitations tout ce qui pouvait leur convenir. Le nombre de bouteilles de vin volées dépasse tout calcul. Le premier soin des soldats, en arrivant dans une localité importante, était d'obtenir du vin et de l'alcool. Bientôt ils étaient ivres, et les scènes de sauvagerie, les incendies et les fusillades se produisaient immédiatement.

Dans les fermes, les soldats tuaient à coups de sabre et de fusil les oiseaux de basse-cour et les porcs. Ils tiraient au hasard et ont ainsi tué ou blessé sans intention un certain nombre d'habitants. A Libin, un soldat, tirant sur une poule, perça d'une balle les deux cuisses d'un enfant de quelques mois.

A Arlon, le pillage de certaines maisons a été exécuté par ordre des autorités militaires. Le onzième jour de l'occupation, un fil téléphonique ayant été brisé, les autorités militaires donnèrent à la ville quatre heures pour payer une contribution de guerre de 100.000 francs en or, ajoutant qu'à défaut de ce paiement 100 maisons seraient pillées. Le paiement put finalement être effectué, mais 47 maisons avaient déjà été mises à sac par ordre des officiers.

Incendies.

Le nord du Luxembourg a généralement été respecté. Par contre, deux régions du sud de la province ont été complètement dévastées. La première de ces régions comprend les villages de Porcheresse, Maissin, Anloy, Villance, Framont, Ochamp, Jehonville, Offagne, Assenois, etc.; l'autre comprend toutes les communes du triangle formé par une ligne tirée de Florenville à Virton, de Virton à Habay-la-Neuve et de Habay-la-Neuve à Florenville.

Une statistique approximative des maisons brûlées dans ces différentes localités a été dressée :

Neufchâteau, 21 maisons brûlées; Étalle, 30 maisons brûlées;

Houdemont, 64 maisons brûlées ; Rulles, la moitié des maisons a
été détruite par le feu ; Ansart, le village est complètement brûlé ;
Tintigny, 3 maisons seulement subsistent ; Jamoigne, destruction
de la moitié du village ; Les Bulles, destruction de la moitié du
village ; Moyen, 42 maisons détruites ; Rossignol, le village est
entièrement brûlé ; Mussy-la-Ville, 20 maisons détruites ; Bertrix,
15 maisons détruites ; Bleid, une grande partie du village est
brûlée ; Signeulx, une grande partie du village est brûlée ; Ethe,
les cinq sixièmes du village sont brûlés ; Bellefontaine, 6 maisons
détruites ; Musson, la moitié du village est détruite ; Baranzy, il
reste 4 maisons ; Saint-Léger, 6 maisons brûlées ; Semel, toutes
les maisons sont brûlées ; Maissin, 64 maisons ont été brûlées sur
100 ; Villance, 9 maisons brûlées ; Anloy, 26 maisons ont été
brûlées.

Ces chiffres sont des chiffres minima. D'après une statistique
forcément incomplète, le nombre des maisons brûlées dans la
province du Luxembourg dépasse 3.000. Il est à noter que les
maisons dont la destruction est ainsi rapportée ont été brûlées,
non par des opérations de guerre, mais par des incendies volontaires et systématiques.

Fusillades.

Dans un grand nombre de villages, les troupes allemandes se
sont livrées à de véritables exécutions en masse. Le nombre des
habitants fusillés pour l'ensemble de la province dépasse un
millier ([1]). Les chiffres suivants sont relatifs à certains villages
seulement :

Neufchâteau, 18 fusillés ; Vance, 1 fusillé ; Étalle 30 fusillés ;
Houdemont, 11 fusillés ; Tintigny, 157 fusillés ; Izel, 10 fusillés ;
Rossignol, 106 fusillés ; Bertrix, 21 fusillés ; Ethe, 300 fusillés
environ, 530 personnes ont disparu ; Bellefontaine, 1 fusillé ;
Latour, 17 hommes survivent ; Saint-Léger, 11 fusillés ; Maissin,
10 hommes, 1 femme et une jeune fille fusillés, 2 hommes et
2 jeunes filles blessés ; Villance, 2 hommes fusillés, 1 jeune fille
blessée ; Anloy, 52 hommes et femmes fusillés ; Claireuse,
2 hommes tués, 2 pendus.

([1]) La province du Luxembourg, la moins peuplée du royaume, compte
232.500 habitants.

À Arlon furent fusillés publiquement 111 personnes des communes d'Ethe et de Rossignol. Quelques jours plus tard, furent exécutées 8 personnes de communes voisines. Un officier de police d'Arlon, appelé Lempereur, fut fusillé sans jugement pour un motif futile qui fut par la suite reconnu non fondé.

Viols.

Les cas de viol par les soldats ivres sont nombreux. Dans une localité, une femme a été violée par 12 soldats qui avaient tué son mari. Les faits de ce genre sont autant que possible dissimulés par les familles, et le sentiment qui les fait agir a été respecté par les enquêteurs. Il n'est toutefois pas douteux que les viols ont été très fréquents.

Explication des crimes commis par les troupes.

Dans la plupart des localités, les troupes n'ont même pas allégué qu'elles avaient été assaillies par la population civile. Il semble certain que celle-ci ne s'est livrée nulle part à aucun acte d'hostilité. Dans plusieurs endroits, des soldats allemands avaient été abattus par des patrouilles ou des sentinelles françaises, et il semble malheureusement démontré que les troupes allemandes ont systématiquement saccagé et brûlé les villages sur le territoire desquels certains de leurs soldats avaient été ainsi abattus, même lorsqu'elles savaient que ces morts étaient dues à des soldats réguliers de l'armée ennemie. Dans beaucoup de localités, la destruction des villages et des habitations ne peut s'expliquer, même par un prétexte. Les habitants expliquent les crimes dont ils ont été victimes soit par l'ivrognerie des soldats, soit par le plaisir sadique d'infliger des souffrances, soit par la colère due à la résistance de la Belgique, soit par des ordres de destruction systématique émanant des autorités militaires supérieures.

En raison de la difficulté de communication avec le Luxembourg, le présent rapport est nécessairement incomplet. Il sera complété en temps et lieu.

Les Secrétaires,	*Le Président,*
(s) Ch^{er} ERNST DE BUNSWYCK,	(s) COOREMAN,
OHTS.	*Le Vice-Président,*
	Comte GOBLET D'ALVIELLA.

NEUVIÈME RAPPORT
Sac de Termonde.

Le Havre, le 24 décembre 1914.

A Monsieur CARTON de WIART, Ministre de la Justice.

Monsieur le Ministre,

Les communes de Lebbeke, de Saint-Gilles-lez-Termonde forment, avec la ville de Termonde, une agglomération de plus de 26.000 habitants. Ces communes, de même que le village d'Appels, situé à l'ouest de Termonde et qui compte 2.100 habitants, ont été terriblement éprouvées.

I. — Premier bombardement. Sac et pillage ([1]).
(4, 5 et 6 septembre 1914.)

Destructions, incendies, pillages.

Le 2 septembre 1914, une patrouille allemande pénétrait à Lebbeke. Sous prétexte de venger six soldats tués par les troupes belges sur le territoire de Lebbeke, elle mit le feu à trois fermes situées au hameau « Heizyde ».

. Le 4 septembre, à 4 heures du matin, les habitants de Lebbeke furent réveillés par une vive fusillade. L'armée allemande attaquait la localité, défendue par quelques avant-postes belges qui se replièrent sur l'Escaut. A 7 heures du matin, elle envahissait la commune, brisant les vitres, enfonçant les portes, chassant les femmes et les enfants, poussant devant elle, pour s'en couvrir

---

([1]) Séances de la Commission d'enquête du 7 septembre 1914, annexe I, du 24 septembre 1914, troisième témoin, du 30 septembre 1914, rapports, pièces 4, 5, 6 et 7 ; rapport du 9 octobre 1914 annexé à la séance du 18 décembre.

comme d'un bouclier vivant, les hommes qu'elle arrachait de leurs demeures.

Peu après, la commune fut soumise à un bombardement. L'église, spécialement visée, fut atteinte par quelques obus qui y causèrent d'assez graves dégâts. Une dizaine de maisons furent sérieusement endommagées. Puis commencèrent le pillage et l'incendie. Vingt maisons et fermes furent incendiées ; toutes les maisons du centre de la commune furent pillées. L'intervention du bourgmestre auprès du général Gronen sauva seule la commune d'une destruction complète.

La commune de Saint-Gilles-lez-Termonde fut en grande partie détruite.

A 9h 15 du matin, l'armée allemande bombarda Termonde. Une heure après, elle entra dans la ville par les rues de l'Eglise, de Malines et de Bruxelles. Les troupes allemandes pénétrèrent à l'hôpital civil. Elles y prirent comme otages le Dr van Winckel, président de la Croix-Rouge, qui y soignait des malades et des blessés, le Révérend M. van Poucke, aumônier, et M. César Schellekens, secrétaire de la Commission des hospices civils, et les entraînèrent vers le centre de la ville, arrêtant sur leur passage les bourgeois qu'elles rencontraient et les emmenant avec elles.

Pendant ce temps, des soldats pillaient les caves, pâtisseries, boulangeries, épiceries, débits de boissons. Les tablettes des fenêtres disparaissaient sous la masse des bouteilles.

Une compagnie commandée par un hauptmann fit irruption dans les locaux de la Banque centrale de la Dendre, institution privée, et les visita de fond en comble. Peu après une équipe spéciale entra à la banque. Elle fit sauter dans le cabinet de l'administrateur-délégué un petit coffre-fort et y enleva une somme de 2.100 francs. Elle força la porte en fer forgé commandant l'entrée des souterrains où se trouvaient les coffres-forts des particuliers. Une seconde porte, se trouvant à l'entrée même des souterrains, résista à toutes les tentatives d'effraction. Les coffres-forts des particuliers ne demeurèrent indemnes que grâce à la solidité des installations.

Pendant ce temps, le général von Boehn posait, sur le perron de l'Hôtel de Ville, devant l'objectif d'un photographe.

Vers 3 heures de l'après-midi, les pionniers (9e) mirent le

feu aux ateliers de construction de Termonde et à quatre groupes de cinq maisons, à l'intérieur de la ville.

Dès ce moment, des officiers allemands invitèrent les habitants restés en ville à partir, Termonde devant être entièrement détruite.

Vers 5 heures du soir, un commandant allemand fit mettre en liberté les détenus de droit commun, au nombre de plus de 135, qui se trouvaient dans la prison et qui se dispersèrent dans les environs.

Le lendemain, 5 septembre, commence, sous les ordres du major von Sommerfeld, l'incendie systématique de la ville.

L'hôpital ne fut pas épargné. Il fut aspergé de pétrole et livré au feu. En hâte les malades, les vieillards et les blessés furent transportés au dehors; un épileptique demeura dans le brasier.

L'église du béguinage, construction de la fin du seizième siècle, fut incendiée le même jour.

Pendant toute la journée les soldats allemands continuèrent le pillage commencé la veille. La bijouterie de M. van den Durpel-Goedertier et de nombreuses maisons de particuliers furent entièrement saccagées.

Le dimanche 6 septembre, le commandant von Sommerfeld ordonna de continuer l'œuvre de destruction.

Comme à Louvain et à Andenne, le feu fut mis de préférence aux quartiers riches où les soldats trouvaient matière à piller.

L'incendie ne cessa que le 7 septembre; les pionniers, au dire d'un officier allemand, étaient partis pour détruire les voies ferrées. La plupart des maisons qui avaient été épargnées portaient l'inscription : *Nicht anzünden* (ne pas mettre le feu).

Le même jour, une sentinelle allemande ayant été tuée devant l'usine Vertongen par un soldat belge posté sur la digue située de l'autre côté de l'Escaut, le major von Fortsner dit à un des notables de Termonde : « Il reste aux environs de Termonde des fabriques; si vos soldats touchent encore à l'un des nôtres, elles seront détruites comme l'a été la ville. »

Le 4 septembre, les Allemands bombardèrent aussi le petit village d'Appels (¹) pendant plus d'une heure, bien qu'aucune force belge n'y séjournât. Un enfant fut tué par un éclat de

_____

(¹) Séance de la Commission d'enquête du 28 septembre 1914, annexe 3.

(*Photo M. Rol.*)

TERMONDE. — Église bombardée.

(*Photo M. Rol.*)

Termonde après le bombardement.

gurés à tel point qu'il n'a été possible de les identifier que par les objets dont ils étaient porteurs. Douze d'entre eux, originaires de Lebbeke, les nommés Camille Verhulst, Théophile Keppens, Arthur Bovyn, Arthur Verhulst, Pierre van Eyberghe, Camille Lissens, Octave Verhulst, van den Berghe ou Vercauteren (identité non établie), Edmond Hofman, Gustave Hofman, Veldeman, Joseph Pieraert, s'étaient réfugiés dans la ferme d'Octave Verhulst; ils ont été liés corps à corps et conduits derrière la ferme où ils furent massacrés. Leurs cadavres ont été jetés dans la même fosse. Six habitants de Saint-Gilles, les nommés Achille Reye, Alphonse van Damme, Prosper van Dooren, Ernest de Kinder, Ernest de Stobbelaer, François Mertens, ont été liés bras à bras et emmenés à Lebbeke. Les Allemands leurs crevèrent les yeux et les massacrèrent ensuite à coups de baïonnette.

D'autres, les nommés van Weyenberg, Louis van Damme, François Moens, de Lebbeke, eurent la tête fendue à coups de sabre en présence de leurs femmes et de leurs enfants.

Deux habitants de Termonde ont été tués dès l'entrée des Allemands dans la ville. Un habitant d'Appels, le nommé Théophile van den Bossche, a été abattu à coups de revolver; un autre, le nommé Wauters, a été blessé par un coup de fusil.

Le 4 septembre, jour de l'attaque de Termonde, six fantassins allemands ont fait feu par deux fois à bout portant (5 mètres) sur le Dr E. Hemeryck et sur son porte-sac, revêtus tous deux du brassard de la Croix-Rouge. Le porte-sac est mort cinq jours plus tard d'une plaie faite par une balle explosive dans la partie supérieure de la cuisse, plaie de 20 centimètres, face antérieure, et de 25 centimètres, face postérieure. Les constatations ont été faites par trois médecins à l'ambulance installée dans l'usine Vertongen. Une troisième décharge fut tirée sur le docteur Heymeryck, alors que son porte-sac était tombé (1).

II. — Réoccupation de Termonde par les troupes belges (2).
(10 septembre 1914.)

La réoccupation de Termonde par les troupes belges a été marquée par de nouvelles atrocités.

(1) Rapport du Dr Hemeryck.
(2) Séance du 21 septembre 1914, annexe 2.

Au cours du combat, des soldats allemands, commandés par un officier, se sont fait précéder sur la route de Saint-Gille-lez-Termonde par quinze civils, dont trois dames et deux jeunes filles.

A Saint-Gilles, un civil, dont les Allemands avaient transpercé le ventre à cinq endroits, était attaché en croix à la porte d'une maison, la main droite liée à la sonnette et la main gauche attachée à la poignée de la porte.

Le nommé Camille de Rijken, chauffeur à Termonde, a été tué, en présence de sa femme, d'un coup de baïonnette.

III. — Deuxième bombardement de Termonde [1].

(16 et 17 septembre 1914.)

Le 16 septembre, vers 5ʰ30 du soir, les troupes allemandes reprirent le bombardement de Termonde.

La plupart des habitants qui, après le 10 septembre, étaient rentrés dans la ville, se retirèrent sur la rive gauche de l'Escaut, de même que la petite garnison de 250 hommes de troupes belges qui s'y trouvait. Une douzaine d'obus atteignirent l'église de Notre-Dame, récemment restaurée.

A 7ʰ30 du soir, les Allemands pénétrèrent dans la ville. Les soldats belges continuant à tirer de l'autre côté de l'Escaut, les troupes allemandes contraignirent le Dʳ van Winckel à les accompagner jusqu'au fleuve. Le soldat allemand qui se trouvait à sa droite fut tué; celui qui se trouvait à sa gauche fut blessé grièvement.

Pendant la soirée, les Allemands pillèrent les caves de trois habitations qui étaient demeurées intactes après les événements des 4, 5 et 6 septembre. Toute la nuit, les officiers se livrèrent à une orgie sur la place du Marché-au-Lin, où deux grands feux avaient été allumés.

Le lendemain, 17 septembre, le bombardement de Termonde fut repris de 4 heures à 4ʰ45 de l'après-midi. Un obus tomba sur la tour de l'Hôtel de Ville qui prit feu. La bibliothèque communale, le dépôt des archives restèrent dans les flammes. Les tableaux, à l'exception de trois, purent être sauvés.

---

(1) Séances du 24 septembre 1914, troisième témoin, et du 30 décembre 1914, rapport pièce 7.

IV. — Dernières destructions.

(Octobre 1914.)

A la fin du siège d'Anvers, les Allemands réoccupèrent en forces la ville de Termonde. Ils firent sortir les quelques habitants qui y étaient rentrés. Ils procédèrent ensuite au pillage de tout ce qui restait dans la ville, vidant les usines des produits fabriqués et de certaines matières premières. Ils incendièrent le palais de justice, l'arsenal et, à peu de chose près, les dernières habitations bourgeoises qui étaient restées debout.

Il résulte de ce qui précède que, contrairement à ce qu'ont affirmé certains journaux allemands, la ville de Termonde a été systématiquement détruite. Elle a été anéantie par un incendie méthodique accompagné de pillage. Le bombardement, à supposer qu'il fût commandé par des nécessités militaires, n'a fait que compléter l'œuvre de dévastation des pionniers allemands.

Les Secrétaires,
Chevalier Ernst de Bunswyck,

Orts.

Le Président,
Cooreman.

Le Vice-Président,
Comte Goblet d'Alviella.

DIXIÈME RAPPORT

Rapport de la Délégation de la Commission d'enquête siégeant à Londres.

Le Havre, le 6 janvier 1915.

A M. CARTON de WIART, Ministre de la Justice.

Monsieur le Ministre,

La Délégation de la Commission d'enquête, qui siège à Londres (¹), nous adresse le rapport suivant :

Londres, le 29 décembre 1914.

A M. G. Cooreman, Ministre d'État,
Président de la Commission d'enquête sur la violation des règles du droit des gens, des lois et des coutumes de la guerre.

Monsieur le Président,

La délégation que vous nous avez confiée par votre lettre du 26 septembre nous a permis de réunir un certain nombre de dépositions orales et écrites parmi les réfugiés belges en Angleterre. Nous avons écarté à dessein tous les témoignages des personnes n'ayant pas assisté elles-mêmes aux faits sur lesquels elles ont déposé, ne prenant en considération les récits de

---

(1) La Délégation de la Commission d'enquête siégeant à Londres est composée comme suit :

Sir Mackenzie Chalmers, K. C. B., ancien sous-secrétaire d'État pour le Home Department, ancien membre du Conseil des Indes, *président*; MM. de Cartier de Marchienne, envoyé extraordinaire et ministre plénipotentiaire de S. M. le Roi des Belges; Henri Lafontaine, sénateur, *membres*; Henri Davignon, docteur en droit, *secrétaire*.

seconde main que pour autant qu'ils nous fournissent les noms
de témoins directs et de victimes demeurées en Belgique.

Pour nous guider dans nos investigations, nous avions les rapports déjà parus, à cette date, de votre Commission. Dans la
mesure où les témoignages recueillis par nous se rapportent aux
constatations formulées dans ces rapports, nous pouvons conclure
que ceux-ci sont corroborés par nos propres recherches. De l'ensemble des dépositions reçues par nous, nous pouvons dégager
et considérer comme acquises les certitudes suivantes :

Il y a eu en Belgique, depuis le 4 août de cette année, beaucoup d'atrocités commises individuellement par des soldats allemands sur des civils désarmés et inoffensifs : meurtres, viols,
mutilations. Ces faits seront établis avec plus d'exactitude quand
il sera possible d'interroger en Belgique les victimes, leurs
parents, leurs confidents et les gens de leur entourage. Sans
doute, ces atrocités ne peuvent pas toujours être imputées aux
autorités militaires ennemies. Elles sont généralement le fait de
soldats ivres et excités par l'œuvre de pillage et de destruction à
laquelle ils se sont préalablement livrés. Néanmoins, il y a lieu
de considérer qu'en permettant et qu'en encourageant même
l'ivrognerie, le pillage et la destruction, les autorités ont acquis
une complicité indirecte dans les excès commis par leurs
hommes.

Mais ce qui résulte de nombreux témoignages directs, précis
et concordants, c'est le système d'intimidation, de représailles et
de destruction, employé par l'armée envahissante, sur le territoire belge, à l'égard des populations désarmées et inoffensives,
en dehors de toute action de stratégie militaire et dans des villes
et villages évacués par la partie adverse.

Ce système s'est manifesté par un triple ordre de faits contraires
au droit des gens et aux lois de la guerre. Le premier est relatif
au procédé barbare de faire marcher devant les troupes allemandes, afin de les protéger contre les coups des armées alliées,
des groupes de civils de tout âge et de tout sexe. Le deuxième
comprend l'emprisonnement, soit en qualité d'otages, soit à des
titres variés, d'individus, de familles, de populations entières,
pris au hasard et sans raison valable, enfermés sans air, sans
décence et sans nourriture dans des églises, des hangars ou des
étables, emmenés en Allemagne et maintenus là dans des condi-

tions déplorables d'hygiène et de convenance. Le troisième enfin
groupe tous les faits de meurtres collectifs de civils, d'incendies
de maisons après pillage, sur lesquels la lumière se fait chaque
jour plus vive.

Il convient que nous revenions sur ce triple ordre de violations
des lois de la guerre. Nous sommes à même de l'établir en nous
référant au texte même de certaines de nos dépositions. Les raisons qui ont commandé à la Commission d'enquête de ne point
dévoiler les noms et la qualité des témoins, et d'écarter de ses rapports tout ce qui fournirait à l'ennemi un prétexte à des représailles sur le territoire occupé, nous imposent une semblable
réserve. Nous certifions que tout ce que nous avançons pourra
être vérifié dans les procès-verbaux de nos séances et dans le
texte des dépositions orales, signées par les témoins après lecture
et sous nos yeux.

Ces témoignages, nous avons cherché à les authentifier par
tous les moyens d'investigation en notre pouvoir. Ils pourront
être contrôlés par une contre-enquête faite sur place. A cet effet,
nous avons pris toutes les informations de dates, de lieux et de
personnes que nous avons pu, afin de réunir ainsi les bases pour
des informations subséquentes.

1. — Dès le moment où l'armée allemande a pris contact avec
l'armée belge devant Liége, elle a cherché à se protéger en poussant devant elle des groupes de civils. Un témoin nous a indiqué
la manière dont une batterie allemande, tirant sur le couvent des
pères Carmes, à Chèvrement, s'est garantie contre le tir du fort,
en plaçant tout autour de la batterie des habitants pris dans le
voisinage, et parmi lesquels plusieurs femmes et même des enfants.
Le même témoin affirme avoir vu un gros de troupes allemandes,.
passant par l'intervalle des forts de Chaudfontaine et de Fléron,
avec, devant lui, un groupe de civils ramassés le long du chemin ;
la plupart avaient les mains liées derrière le dos. Un autre groupe
de civils était contraint de marcher au milieu de la troupe. Dans
celui-ci, il y avait un vieillard octogénaire, que deux compagnons
étaient littéralement obligés de traîner.

A l'autre bout de la Belgique, un témoin nous décrit comme
suit la composition de la colonne allemande traversant une commune du Borinage, pour aller attaquer les troupes françaises se
repliant sur la rive opposée de la Sambre :

« 1° Des cyclistes; 2° des fantassins espacés; 3° un groupe d'une centaine d'otages, hommes; 4° des masses d'infanterie; 5° des autos, dont plusieurs traînés par des chevaux; 6° des canons; 7° un groupe d'environ 300 otages entourés d'une corde. »

Bien que les Français occupassent les hauteurs commandant la vallée, le combat tarda longtemps à s'engager. Le motif en était la présence des civils en tête et au centre de la colonne. Après que le combat se fût engagé et que, frappés par les balles françaises, un grand nombre de soldats allemands furent tombés, les troupes occupant le village mirent le feu à toutes les maisons longeant la rue où elles se trouvaient. Cela n'arrêta pas le défilé de l'armée envahissante. A 10 heures du soir, le témoin aperçut un nouveau groupe de civils, dans lequel il y avait, cette fois, des femmes et des enfants. Une partie de ce groupe, comprenant quelques hommes, plusieurs femmes et des enfants, dut passer la nuit sur le pont de la Sambre, afin d'éviter qu'il fût bombardé par les Français. Les autres furent poussés au feu de ceux-ci. Il y avait parmi eux le frère directeur des écoles libres, âgé de soixante-quatre ans, et trois religieux plus jeunes. Le lendemain matin, le témoin, qui avait été arrêté lui-même et qu'on amenait avec un nouveau groupe d'otages, rencontra huit religieuses qu'on avait placées sur le pont pour le garantir contre toute tentative de destruction.

A Tamines, un témoin qui assistait d'une fenêtre au combat livré entre les troupes allemandes et françaises sur la Sambre, vit des civils poussés par des Allemands sur le pont. Comme les malheureux essayaient de se réfugier dans les premières maisons de la rive, au delà du pont, les Allemands tirèrent sur eux et plusieurs vinrent tomber mourants dans la maison où se trouvait le témoin.

A Tournai, nous affirme un autre témoin, les troupes allemandes pénétrèrent le 24 août, toujours en se protégeant par plusieurs rangs de civils. Devant Malines, des témoins préalablement emprisonnés, emmenés en Allemagne et ramenés aux environs de Bruxelles, ont été conduits vers le canal, derrière lequel se trouvaient les troupes belges, dans l'espoir que celles-ci les laisseraient avancer et qu'à leur suite les Allemands pourraient passer impunément. Le procédé employé par les troupes régulières en ordre de marche fut aussi employé par des patrouilles.

Un témoin cherchant, après le deuxième bombardement de Malines, à regagner son village, rencontra six soldats allemands qui amenaient prisonnières cinq jeunes filles. Le témoin fut appréhendé à son tour. En passant à proximité d'une route où se trouvait une compagnie de soldats belges, les Allemands placèrent les jeunes filles autour d'eux pour empêcher les soldats belges de tirer sur eux.

Un autre témoin, revenant à bicyclette, tout au début de la guerre, à son domicile, dans un village de la Hesbaye, fut arrêté par huit hussards et un officier qui l'obligèrent à marcher à côté d'eux, en le menaçant de mort si une troupe belge tirait sur eux.

2. — Par les témoignages distincts, nous avons été à même d'apprendre que le nombre de prisonniers civils, hommes, femmes et enfants, internés en Allemagne, était considérable. De nombreux réfugiés nous ont exposé dans quelles circonstances ils avaient été séparés des membres de leur famille; plusieurs, arrêtés sans motif, emmenés pendant plusieurs jours dans d'atroces conditions de brutalité et de cruauté, ont pu s'évader; d'autres, après avoir été emmenés en Allemagne et après avoir été exposés aux injures et aux mauvais traitements, ont fini par être ramenés et laissés au hasard dans la campagne. Partout cela a été un système de faire prisonniers, sans un prétexte ou sans raison, un grand nombre d'individus, des familles entières, et même toute la population de hameaux ou de villages.

Dans beaucoup d'endroits, ces prisonniers, décorés du nom d'otages ou rassemblés simplement à la manière d'un troupeau, ont été divisés en deux groupes. Presque toujours les hommes étaient aussitôt séparés des femmes et presque partout une partie était destinée à être fusillée. Nous examinerons plus loin cet ordre particulier de violation des lois de la guerre. L'emprisonnement de populations désarmées et inoffensives nous paraît constituer un grief distinct.

Cet emprisonnement ne peut s'expliquer par aucun motif avouable. La Commission est suffisamment édifiée sur le procédé, tel qu'il a été employé à Aerschot et à Louvain. De nombreux témoins nous ont confirmé les précédentes constatations. Il nous paraît superflu de revenir sur ces points.

Un témoin, arrêté isolément et bien après la période des hostilités, nous a fait un récit détaillé de son emprisonnement. Appréhendé aux environs de Bruxelles, il fut joint à une vingtaine d'autres civils et tous furent emmenés par train militaire en Allemagne, sous la garde de quatre soldats. Aux stations allemandes, la population, qui semblait attendre le passage des trains, lançait des injures aux prisonniers civils, que les gardiens désignaient à la foule comme des francs-tireurs. Le même témoin affirme que dans d'autres wagons du train il y avait d'autres prisonniers civils et notamment un vieillard avec deux fillettes de douze et de treize ans et un petit garçon de dix ans. Le reste du train contenait des militaires prisonniers, Belges, Français et Anglais, que la foule se gardait d'insulter, qui étaient convenablement nourris, tandis que les civils ne recevaient que du pain et de l'eau. Après plusieurs jours d'un voyage atroce, les prisonniers civils furent internés à X..., où le témoin rapporte qu'ils trouvèrent plusieurs centaines d'autres civils belges. Ils furent ainsi plus de 650, enfermés dans un grenier et couchés sur de la paille. Six prêtres étaient parmi eux. Le témoin raconte à quel traitement inhumain étaient soumis ces malheureux. Réveillés à coups de bâton, accompagnés d'injures, ils sont conduits dans la cour de la caserne. On leur met une inscription sur le dos, les marquant de leur qualité de prisonniers de guerre, avec le nom de la ville où ils sont détenus. A midi, on leur donne un bol de soupe. Les punitions sont le cachot et l'exposition pendant plusieurs heures au pilori, sans compter les injures et les coups de bâton et de crosse. Le logement est insalubre et le W.-C. est public, rudimentairement composé d'un sapin cloué sur pilotis, au-dessus d'une fosse d'une longueur de 10 mètres. Dans cette localité se trouvaient détenus notamment 300 habitants d'un village flamand, avec le curé, le vicaire, un séminariste, l'instituteur et le secrétaire communal, un curé du diocèse de Namur, un séminariste d'Hoogstraeten, un professeur, prêtre du collège Saint-Pierre de Bruxelles.

D'une source différente, nous avons pu connaître le sort des prisonniers civils internés dans une autre ville d'Allemagne. C'est là qu'ont été transportés un grand nombre d'habitants de Louvain. Entassés dans des wagons fermés de marchandises, ces pauvres gens, parmi lesquels il y avait une centaine de femmes et d'enfants, dont plusieurs tout petits, ont dû voyager à peine nourris, dans l'impossibilité de dormir. A Z..., on les débarqua pour les interner dans des baraquements servant à loger, en temps ordinaire, les chevaux et les soldats. Nombre y sont encore maintenant, n'ayant, la plupart, que leurs vêtements d'été, quelques-uns à peine vêtus, car ils ont été emmenés de chez eux tels que, sans qu'on leur permît de compléter leur habillement ni de prendre aucun bagage. Ils ont pour coucher de la paille, jamais renouvelée, et on ne leur a donné, à leur arrivée, qu'une couverture pour deux, couverture usée, souillée et fort mince. Le feu et la lumière étaient choses inconnues. La nourriture consiste en un pain tous les deux jours pour trois personnes, un pain de moins de 6 livres ; chaque matin et chaque soir une petite quantité de café ; à 11 heures une louche de soupe, souvent immangeable. L'autorité allemande n'a assuré aux prisonniers aucun soin de propreté, ni serviette, ni savon. Au bout d'un certain temps, les prisonniers ayant de l'argent ont pu améliorer leur situation, mais beaucoup, emmenés à l'improviste, sont sans ressources.

On nous a assuré que la situation morale des prisonniers était pire encore que leur situation matérielle. Outre la promiscuité déplaisante et dangereuse avec des malades contagieux, ces civils, appartenant à toutes les classes et à toutes les professions, prêtres, professeurs d'université, avocats, industriels, boutiquiers, ouvriers, étaient voués à l'inaction la plus complète. Aucun livre, aucun instrument de travail. Les prêtres n'ont jamais pu dire la messe. Les militaires allemands, prétendant qu'ils avaient affaire à des francs-tireurs, à des assassins, traitaient leurs prisonniers avec brutalité. Faut-il s'étonner si plusieurs sont devenus fous ?

A côté de ces emprisonnements en masse, d'une durée plus ou moins longue et dont l'inégalité même est la preuve qu'ils ne répondent à aucune cause valable, il y a eu le douloureux voyage d'autres civils de Louvain vers Cologne. L'un d'eux nous le décrit comme suit :

« Le 27 août, on nous a amenés à la station et on nous a enfermés dans des wagons à bestiaux, où il y avait du fumier haut comme ça. Nous avons voyagé quatre jours et quatre nuits sans recevoir la moindre nourriture et sans pouvoir même entr'ouvrir la porte. Nous étions soixante par wagon. Pendant la quatrième nuit, nous sommes entrés à Cologne. On nous a promenés dans la rue. Les femmes nous crachaient au visage. Nous avons couché sur les planches d'une sorte de Luna Park. Soixante-dix ont dû rester debout sous la pluie. Nous avons reçu un pain pour dix hommes, un pain vieux de quinze jours (la date est marquée dessus). Impossible de le manger. Le lendemain, on nous a reconduits à la gare, vers 10 heures du matin. Pendant la nuit, on avait fait charger les fusils aux soldats. On nous a rembarqués à seize dans un compartiment de 3° classe et sans nourriture, et nous sommes revenus à Bruxelles (50 heures de train). »

Le sort des otages, pris en garantie de certaines impositions de guerre, absolument disproportionnées avec les ressources des localités et tout à fait injustifiées, fut en maint endroit extrêmement douloureux. Les hautes autorités militaires commandant leur arrestation n'eurent d'égard ni pour leur âge ni pour leur dignité. Le vénérable évêque de Tournai, vieillard malade, fut emprisonné à Ath, pendant cinq jours, dans un local infect, n'ayant qu'une paillasse comme lit, et sans autre nourriture que celle que des personnes dévouées venaient spontanément lui apporter. Le témoin qui nous atteste la chose fut un de ses compagnons de captivité.

L'arrestation des civils semble tellement résulter d'un mot d'ordre, qu'un témoin nous décrit comment un simple geste d'un officier suffit pour faire emmener un passant inoffensif et de plus protégé par la Croix-Rouge. Il s'agit d'un religieux traversant un pont pour gagner un endroit déterminé d'une petite ville. Il est arrêté par la troupe qui garde le pont ; il demande à l'officier de passer, faisant remarquer qu'il appartient à une ambulance. Sans un mot, l'officier le désigne à ses hommes et ceux-ci l'emmènent. Il ne devra qu'à une présence d'esprit toute particulière de n'être pas fusillé.

3. — Une grande partie des civils arrêtés par les troupes allemandes sont destinés à être passés par les armes. La Commission a eu, sur les massacres de Dinant, d'Andenne et de Tamines, des précisions terribles. Nous avons entendu plusieurs témoins, confirmant directement ce qui a déjà été officiellement rapporté par la Commission sur les exécutions d'Aerschot. Nous avons reçu des témoignages directs nous apportant des certitudes pour d'autres points du pays.

Plusieurs « escapés » nous ont décrit la manière incohérente avec laquelle ils ont été pris, relâchés, puis repris, conduits en troupeau, séparés en deux groupes, enfermés pour la nuit avec l'affirmation qu'ils seraient exécutés le lendemain, placés le long d'un mur ou d'une haie, couchés en joue, délivrés enfin. Un témoin nous a décrit comment, sur une route conduisant à Tirlemont, les hommes ayant été séparés des femmes, celles-ci ont été emmenées en avant. Quand elles furent hors de la vue des premiers, les soldats allemands déchargèrent leurs fusils en l'air afin de faire croire que leurs pères et leur maris avaient été fusillés.

Nombre de témoins, par contre, ont vu de leurs yeux des otages tomber sous les balles allemandes. Il est à remarquer que ces exécutions ne se font pas au cours d'une bataille, mais après coup, vengeance systématique de l'armée envahissante sur la population inoffensive de village où elle a rencontré, de la part des troupes régulières, une résistance inattendue, procédé de terrorisme appliqué à des régions que des soldats allemands ne font que traverser et dans lesquelles ils ont été bien traités. Dans un village de la province de Liége, le vicaire et le secrétaire communal sont fusillés sur la route, après avoir été extraits de la maison du secrétaire communal, sous les yeux d'un témoin qui n'a été sauvé que pour s'être dissimulé derrière une haie. A Gelrode, sept garçons sont saisis dans l'église, où la population se trouve au moment de l'arrivée de l'ennemi, et fusillés après avoir été tailladés à coups de sabre. A Hermeton, M. l'abbé Schlogel, curé d'Hastière, M. Ponthière, professeur à l'Université de Louvain, l'instituteur communal et d'autres hommes ont été tués à coups de fusil. A Monceau-sur-Sambre et à Montignies, il y a eu des massacres collectifs et organisés. A Surice et à Bueken, des scènes atroces se sont passées, sur lesquelles nous reviendrons plus loin.

La plupart du temps, on ne donne pas aux victimes des explications sur le supplice qui leur est infligé. Elles sont saisies chez elles, placées sur les routes ou dans les rues et menées à la mort. Parmi les troupeaux rassemblés pour l'exécution en masse, des sélections s'opèrent : on écarte généralement les femmes, les enfants, les vieillards. Un garçon de quatorze ans est promené plusieurs fois d'un côté de la chaussée à l'autre et finit par être placé du côté des condamnés. Il ne s'agit pas de l'exécution d'un jugement, mais d'un choix arbitraire, parmi des gens innocents destinés à payer pour des coupables. Ces coupables, quels sont-ils et quels sont leurs crimes? On n'en sait rien. Des soixante-deux témoins de notre enquête, aucun, quoique interrogé par nous avec la plus grande insistance sur ce sujet, n'a pu dire que des civils avaient tiré. Au contraire, tous nous ont dépeint la terreur de la population à l'arrivée de l'ennemi et la fidèle exécution des instructions prises partout par les autorités communales relativement aux armes. De nombreux témoins nous ont expliqué que les soldats allemands, ivres, tiraient des coups de fusil au hasard et venaient ensuite déclarer à leurs officiers que des civils avaient tiré sur eux. Sur la foi de ces déclarations, les chefs ordonnaient aussitôt les représailles coutumières : le pillage, l'incendie et le massacre de civils pris au hasard.

Il est certain aussi que les soldats allemands ont été entretenus à l'avance dans l'idée qu'ils allaient être attaqués par des civils. Cela a provoqué chez eux, dès les premiers jours de la pénétration sur le sol belge, un état d'énervement et de crainte, dont la population a eu tout de suite à pâtir. Le sujet d'une puissance neutre, aujourd'hui belligérante aux côtés de l'Allemagne et de l'Autriche, est venu nous rapporter spontanément son expérience personnelle. Il se trouvait à Verviers et à Dolhain dans les premiers jours d'août; arrêté sous l'inculpation d'espionnage, avec la compagnie imprévue d'un soldat allemand, relâché aussitôt, puis repris et relâché enfin avec des excuses, il a vu les troupes allemandes tirer dans la maison où il s'était réfugié pour la nuit, à Dolhain, et son compagnon d'occasion lui a dit que la sentinelle, fatiguée par la longue marche du jour, avait tiré dans l'obscurité sous l'empire d'une hallucination, que le poste de garde avait aussitôt ouvert le feu au hasard et qu'il n'en avait pas fallu plus pour provoquer dans la ville la fusillade suivie de l'incendie de la rue principale.

A Louvain, c'est à une panique des troupes allemandes canton-nées dans la ville, que plusieurs témoins entendus par nous attribuent les exactions qui y ont été commises, l'incendie de l'Université, de l'église Saint-Pierre et d'innombrables maisons, le pillage et le meurtre. En attendant que la Commission puisse faire la lumière complète sur ces événements, nous sommes à même de lui signaler, par des témoins qui nous ont rapporté des détails sur des faits semblables, commis à divers endroits du pays, que partout où des motifs ont été donnés par les ordonnateurs ou les exécutants des massacres et des incendies, la même phrase revient comme un refrain : « Les civils ont tiré. » Mais nulle part il n'y a eu de précision. Aucun civil n'a été désigné, avec quelque vraisemblance, comme ayant tiré. Aucune arme n'a été saisie ni montrée. Un témoin, qui a eu la curiosité d'examiner les cartouches répandues en grand nombre sur la place de Louvain, n'a trouvé que des cartouches allemandes. Et quant aux lieux d'où les coups seraient partis, les désignations données par les Allemands ont été variables et absurdes. C'est ainsi qu'un témoin nous a rapporté qu'un sous-officier allemand lui aurait désigné les fenêtres des halles universitaires donnant sur le Vieux-Marché, à Louvain, comme étant l'habitation d'où étaient partis des coups de feu. Or, ces halles sont toujours inhabitées. Un autre soldat, interrogé par le même témoin, lui désigna une autre maison ; elle est habitée par deux vieillards, incapables physiquement et moralement de manier aucune arme.

Le grand nombre de prêtres fusillés par les Allemands doit être attribué à l'idée répandue dans la troupe que les populations fanatisées seraient conduites au combat par eux. A cet égard, un témoignage a retenu particulièrement notre attention. C'est le cas d'un prêtre du clergé paroissial d'une commune wallonne, où l'influence religieuse n'est rien moins qu'efficace. Arrêté sur le seuil du couvent où il venait de célébrer la messe, il est mené devant un officier supérieur et le dialogue suivant s'engage :

« Êtes-vous le prêtre de cet endroit? — Oui. — Eh bien, Monsieur, vous avez laissé faire contre nous la guerre de francstireurs. — Pardon, capitaine, j'ai recommandé à tout le monde de ne pas tirer. On a affiché cet ordre, les journaux l'ont reproduit. — Alors, Monsieur, votre influence est bien minime. — Sans doute, capitaine, je n'ai pas l'influence que vous croyez; mais soyez-en sûr, ce ne sont pas les civils qui ont tiré. Ce sont les Français postés sur la hauteur de...... » Alors, ajoute le témoin, j'ai gardé le silence, et le capitaine, levant les poings, me dit : « Puisqu'il en est ainsi, avec le canon nous allons tout démolir. »

Le village fut en effet incendié et nombre d'habitants fusillés.

Ceux qui ne furent pas tués sur place furent emmenés à la suite de l'armée. A un point déterminé, il se fit une vraie concentration d'otages. Ils marchaient entourés de soldats dont bon nombre les frappaient et les insultaient. Le prêtre était avec eux. Les soldats venaient près de lui pour l'injurier et caresser sous ses yeux le canon de leur fusil, en lui faisant entendre le plaisir qu'ils auraient à le fusiller bientôt. Six hommes furent exécutés à un arrêt ; les autres, enfermés pour la nuit dans une étable où l'on était asphyxié.

A Surice, ce fut au milieu de l'incendie que fut rassemblé un groupe de cinquante à soixante personnes, hommes et femmes. On sépara les uns des autres et on annonça aux dix-huit hommes qu'ils allaient être fusillés. Il y avait parmi eux les curés d'Anthée, de Onhaye, un autre prêtre et le curé de Surice. Il y avait des pères avec leurs fils. En face étaient les femmes, les mères, les filles, poussant des cris et des implorations. Sous leurs yeux s'accomplit le massacre. Les hommes tombèrent, fauchés par la salve. Comme quelques-uns remuaient encore, les soldats les achevèrent à coups de crosse. Puis ils déshabillèrent et dévalisèrent les cadavres.

A Bueken, le massacre eut lieu bien après l'occupation du hameau par les troupes allemandes. Celles-ci y séjournaient depuis dix jours ; les habitants terrorisés s'étaient efforcés de satisfaire en toute façon les soldats quand, le 29 août, les hommes furent saisis et conduits, les mains liées derrière le dos, dans une prairie. Là, aux dires du témoin qui nous raconte la scène, on fusilla seize hommes, dont un vieillard de soixante-dix ans et ses trois fils, en présence de leurs femmes et de leurs enfants. L'exécution fut précédée de la lecture, par un officier, d'un semblant de jugement. Un homme était accusé d'avoir été trouvé en possession d'un livre appartenant à un soldat allemand et laissé par celui-ci dans la maison du condamné, où les soldats logeaient déjà depuis dix jours. Un autre était accusé d'avoir été trouvé porteur d'un morceau de cartouche allemande. Les femmes, pour sauver leur mari, essayèrent de crier : « Vive l'Allemagne et vive l'Empereur ! » Quand le massacre fut accompli, on enferma les femmes et les enfants dans une chambre trop étroite pour que personne pût s'y coucher. Ces pauvres gens demeurèrent ainsi, sans qu'on leur donnât rien à boire ou à manger, pendant deux

LOUVAIN. — La rue des Cordes, une des principales artères de la vieille ville universitaire.
Pas une maison n'a été épargnée...

LOUVAIN. — Vue générale prise du Mont César, le 7 septembre 1914.

les procédés employés par l'armée allemande pour terroriser, appauvrir et outrager une nation faible, dont le seul crime a été de vouloir demeurer fidèle aux prescriptions de l'honneur.

Le Secrétaire,   Le Président,
Henri DAVIGNON.   M. D. CHALMERS.

Les Membres,
E. DE CARTIER DE MARCHIENNE, Henri LAFONTAINE.

La Commission vous fera très prochainement parvenir, Monsieur le Ministre, un onzième rapport consacré à la province de Namur.

Les Secréta'res,   Le Président,
Ch^{er} ERNST DE BUNSWYCK,   COOREMAN.
ORTS.

Le Vice-Président,
Comte GOBLET D'ALVIELLA.

ONZIÈME RAPPORT

Événements de Namur. — Sac et massacres de Tamines, d'Andenne, de Dinant, d'Hastière, d'Hermeton et de Surice.

Le Havre, 16 janvier 1915.

A Monsieur CARTON de WIART, Ministre de la Justice.

Monsieur le Ministre,

La Commission d'enquête a l'honneur de vous faire rapport sur les excès commis par l'armée allemande dans la province de Namur, tels qu'ils résultent des témoignages et des renseignements, nécessairement incomplets, recueillis jusqu'à ce jour.

I. — Événements de Namur.

Les Allemands bombardèrent la ville de Namur, le 21 août 1914, sans avertissement préalable [1]. Le bombardement commença vers 1 heure de l'après-midi et dura ensuite vingt minutes.

L'assiégeant disposait de pièces à très longue portée, qui lui permirent de diriger le feu sur la ville avant que les forts fussent pris. Des projectiles tombèrent sur la prison, sur l'hôpital, sur la maison du bourgmestre, sur la gare, provoquant des incendies et faisant plusieurs victimes.

Le 23 août, l'armée allemande força la ligne des défenses extérieures, et la 4e division d'armée se mit en retraite par le secteur d'Entre-Sambre-et-Meuse, tandis que la plupart des forts restés intacts continuaient la résistance.

Les troupes allemandes pénétrèrent dans la ville de Namur le même jour, à 4 heures de relevée. Tout se passa avec ordre ce jour-là : officiers et soldats réquisitionnèrent des vivres, des boissons, payant parfois en argent, plus souvent en bons de réquisition, pour la plupart fantaisistes, que la population confiante, et d'ailleurs ignorante de la langue allemande, accepta sans difficulté.

Il en alla de même le lendemain 24 jusqu'à 9 heures du soir. A ce moment, une fusillade s'éleva soudain en divers endroits de la ville, et l'on vit des soldats allemands s'avancer en tiraillant dans les rues principales. Presque simultanément une immense colonne de flammes et de fumée s'éleva du quartier du centre : les Allemands mettaient le feu à la place d'Armes et en quatre autres endroits : place Léopold, rue Rogier, rue Saint-Nicolas, avenue de la Plante.

Parmi cette population paisible et sans défense, ce fut alors l'affolement : les Allemands enfonçaient les portes des maisons à coups de crosse et jetaient des matières inflammables dans les vestibules. Rue Rogier, six habitants qui fuyaient les maisons en feu furent tués sur le seuil de leurs demeures. Les autres habitants

---

[1] Séance du 5 septembre 1914; deuxième et troisième témoins.

de cette rue, pour éviter le même sort, durent se sauver par les
jardins, en chemise pour la plupart, sans avoir le tems d'emporter
ni vêtements ni argent.

Rue Saint-Nicolas plusieurs maisons ouvrières furent incendiées. Un plus grand nombre d'habitations et des magasins de
bois furent détruits avenue de la Plante.

L'incendie de la place d'Armes se continua jusqu'au mercredi.
Il détruisit l'Hôtel de Ville avec ses archives et ses tableaux, le
groupe de maisons y attenant, tout le quartier compris entre les
rues du Pont, des Brasseurs et du Bailly, l'Hôtel des Quatre Fils
Aymon seul excepté.

On n'essaya pas sérieusement de circonscrire l'incendie. Dès le
début, les citoyens ayant voulu se rendre à l'appel du tocsin, on
leur interdit de sortir de leurs maisons. Le chef du service
d'incendie parvint néanmoins à gagner le lieu du sinistre à travers
les balles qui sifflaient dans les rues; place d'Armes, un officier
l'arrêta puis, sur un ordre supérieur, le renvoya chez lui sous
escorte.

Les Allemands, pensant ainsi justifier leur action, prétendirent
que des coups de feu avaient été tirés sur leur troupes le lundi
soir. Tout démontre l'inanité de cette affirmation, tandis que le
rapprochement de certaines circonstances, une série d'indices
concordants imposent l'opinion que les événements de Namur
furent prémédités et entraient dans la tactique d'intimidation
constamment pratiquée par les armées allemandes en Belgique.

Déjà quinze jours auparavant la population de Namur avait
remis aux autorités belges toutes les armes en sa possession. Des
avis officiels l'avaient instruite des lois de la guerre. Elle avait été
invitée à respecter les belligérants par les autorités civiles et
militaires, par le clergé et par la presse. La ville était évacuée
depuis trente-six heures par les troupes belges. La population,
en eût-elle eu le moyen, n'aurait pas commis la folie de se soulever et d'attaquer les masses allemandes qui remplissaient la
ville et en occupaient toutes les avenues. Comment expliquer le
fait qu'aux cinq endroits où cette attaque se serait produite les
troupes alllemandes disposaient précisément du matériel incen-
diaire qui permît de mettre instantanément le feu à la ville?

Le désordre qui s'ensuivit favorisa le pillage dont l'armée allemande est coutumière. Place d'Armes, notamment, les maisons

furent mises à sac avant d'être incendiées. Dans le quartier de la porte Saint-Nicolas les habitants trouvèrent en rentrant leurs maisons pillées ; chez l'un d'eux le coffre-fort avait été fracturé et 17.000 francs en valeurs diverses avaient disparu.

Dans les journées suivantes, lorsqu'un calme relatif fut rétabli, le pillage continua, et, dans plusieurs maisons où séjournèrent des officiers, tous les meubles furent fracturés, le vin, le linge et jusqu'à des vêtements de femme furent volés.

Les témoins ont signalé des attentats dont les femmes furent victimes. L'un d'eux nous a cité le cas d'une jeune fille qui fut violée par quatre soldats. Un maréchal des logis de gendarmerie assista sans pouvoir intervenir, le 26 août, vers 4 heures du matin, au viol par deux soldats allemands de la fille du propriétaire de l'hôtel où il était hébergé.

L'incendie et la fusillade ont fait de nombreuses victimes parmi la population de Namur. Plusieurs personnes âgées restèrent dans les flammes, d'autres furent tuées dans les rues ou fusillées dans leurs demeures. Soixante-quinze civils environ périrent ainsi dans les journées des 23, 24 et 25 août.

Nous ne citons que pour mémoire les prises d'otages ainsi que les brutalités auxquelles les personnalités les plus éminentes de la ville furent en butte pendant toute la première période de l'occupation allemande.

Namur et les dix-sept communes de la périphérie furent frappées d'une contribution de 50 millions, réduite ensuite à 32 millions contre versement d'un million dans les vingt-quatre heures. L'encaisse d'une banque privée, la Banque générale belge, fut saisie. Sur réclamation des administrateurs, il fut décidé que le montant de l'encaisse serait imputé sur la contribution de guerre.

Les environs immédiats de la ville ont été le théâtre des mêmes scènes de violence.

Dans cette partie du pays, beaucoup de châteaux et de villas ont été pillés méthodiquement. Un Namurois vit passer sur un chariot allemand le mobilier de sa maison de campagne. Le produit du butin fut expédié sur l'Allemagne.

A Vedrin, un enfant fut tué parce qu'il fut trouvé porteur d'une douille vide de fusil allemand.

Dans le diocèse de Namur, vingt-six prêtres et religieux furent fusillés.

II. — Massacres de Tamines.

Tamines, située sur la Sambre, entre Charleroi et Namur, était une commune prospère de 5.700 habitants.

Des détachements français l'occupèrent le 17, le 18 et le 19 août dernier. Le jeudi 20 août, une patrouille allemande s'avança vers le faubourg de Vilaines. Elle fut accueillie à coups de fusil par quelques soldats français et un groupe de gardes civiques de Charleroi. Quelques uhlans furent tués ou blessés, les autres prirent la fuite. Les habitants enthousiasmés sortirent de leurs maisons et se mirent à crier : « Vive la Belgique ! Vive la France ! » Selon toutes probabilités, ceci fut la cause du massacre de Tamines.

Bientôt les Allemands arrivèrent en masse au hameau des Alloux. Ils brûlèrent deux maisons et firent tous les habitants prisonniers. Un combat s'engagea entre l'artillerie allemande postée à Vilaines et aux Alloux et l'artillerie française, en batterie à Arsimont et à Ham-sur-Heure.

Le 21 août, vers 5 heures, les Allemands s'emparèrent du pont de Tamines, franchirent la Sambre et défilèrent en masse dans les rues du village. Vers 8 heures du soir, des soldats s'arrêtent dans l'agglomération, pénètrent dans les maisons, en chassent les habitants et commencent à tout piller, à tout saccager, à tout brûler. L'incendie se propage. Certains habitants s'enfuient. La majeure partie furent faits prisonniers, soit dans la nuit du 21 août, soit le lendemain. Le pillage et l'incendie continuèrent pendant toute la journée du lendemain.

Le samedi 22 août, vers 7 heures du soir, un groupe de 450 hommes, composé en majeure partie d'habitants des Alloux, fut massé devant l'église, à peu de distance de la Sambre. A un moment donné, un détachement ouvrit le feu sur eux. Comme leur œuvre criminelle s'accomplissait trop lentement, les officiers firent avancer une mitrailleuse qui eut bientôt fait d'abattre les malheureux qui restaient debout. Certains n'étaient que blessés. Sur l'ordre des soldats, ils se remirent péniblement debout, espérant avoir la vie sauve. Ils furent immédiatement abattus par une nouvelle décharge.

Plusieurs respiraient encore et gisaient sous les cadavres. Des gémissements arrachés par la souffrance, des appels de secours s'élevaient du monceau sanglant. Des soldats à diverses reprises, s'approchèrent des malheureux et tentèrent, à coups de baïonnette, d'achever les blessés. La nuit, quelques-uns réussirent à s'échapper en rampant. D'autres mirent fin à leurs souffrances en se précipitant dans la rivière. Tous ces points ont pu être établis par les dépositions des fusillés qui ont survécu à leurs blessures. Une centaine de cadavres furent trouvés dans la Sambre.

Le lendemain, dimanche 23 août, vers 6 heures du matin, fut amené sur la place un groupe d'hommes, faits prisonniers dans le village et dans les environs. L'un d'eux a déposé ainsi qu'il suit :

« En arrivant sur la place, la première chose que nous vîmes fut un tas de cadavres de civils qui avait au moins 40 mètres de longueur, 6 mètres de largeur et 1 mètre de hauteur. On les avait fait mettre en rang pour les tuer. On nous fit placer en avant des cadavres et nous eûmes la conviction qu'on allait nous fusiller.

« Un des officiers vint demander des hommes de bonne volonté pour faire des fosses pour enterrer les cadavres. Je me présentai ainsi que mon beau-frère et quelques autres personnes; on nous conduisit dans un terrain longeant la place et on nous fit faire une fosse ayant 15 mètres de longueur, 10 mètres de largeur et 2 mètres de profondeur.

« Nous reçûmes chacun une pelle. Pendant que nous creusions la fosse, des soldats, baïonnette au canon, nous donnaient des ordres. Je souffrais beaucoup, n'étant pas habitué à ce genre de travail et étant affaibli par la faim. Un soldat me fit apporter une pelle plus légère. Il alla ensuite chercher de l'eau et nous donna à boire. Je lui demandai s'il savait ce qu'on allait faire de nous. Il répondit négativement.

« Quand la fosse fut creusée, il était au moins midi. On nous donna des planches. Nous y placions les cadavres que nous déversions dans la fosse. J'ai reconnu beaucoup de victimes durant le transport. C'est ainsi que des pères ont porté le cadavre de leurs fils et des fils le cadavre de leur père.

« Les femmes avaient été amenées sur la place et nous regardaient faire. Autour de nous toutes les maisons étaient brûlées.

« Il y avait sur la place des soldats et des officiers. Ils buvaient du champagne. Plus la journée s'avançait et plus les hommes étaient ivres, et nous pensions de plus en plus que nous allions être fusillés.

« Nous avons enterré de 350 à 400 cadavres. Les listes des victimes ont été dressées et vous en aurez connaissance.

« Pendant que des hommes transportaient les cadavres, je les ai vus s'arrêter et appeler un médecin allemand. Ils avaient remarqué que l'homme qu'ils transportaient vivait encore. Le médecin vint se pencher sur le blessé et fit signe de l'enterrer. Les hommes soulevèrent la planche à nouveau et je vis, à ce moment, le bras du blessé se soulever d'une vingtaine de centimètres. On alla appeler de nouveau le médecin, mais il fit signe qu'il fallait enterrer cet homme. On le jeta dans la fosse avec les autres.

« J'ai vu M..... transporter le cadavre de son gendre et lui enlever sa montre, mais il ne put prendre aucun des papiers qui se trouvaient sur lui.

« Quand un soldat pris de pitié s'approchait de nous, un officier s'avançait immédiatement pour lui faire des reproches. Quand tous les cadavres furent enterrés, on apporta quelques blessés dans l'église. Les officiers se concertèrent assez longtemps. Quatre officiers à cheval vinrent sur la place et après un assez long conciliabule, on nous fit mettre en rang avec nos femmes et nos enfants. On nous fit traverser Tamines au milieu des débris qui obstruaient toutes les rues. On nous conduisit à Vilaines entre deux rangs de soldats. J'insiste sur nos souffrances morales pendant cette journée. Nous croyions que nous allions être fusillés à tout moment en présence de nos femmes et de nos enfants. J'ai vu des soldats allemands qui ne pouvaient s'empêcher de pleurer en voyant le désespoir des femmes et des enfants. L'un de nous a été frappé de congestion, tant il était effrayé. J'en ai vu plusieurs qui s'évanouissaient. »

Quand le cortège fut arrivé à Vilaines, un officier dit aux malheureux qu'ils étaient libres mais que tous ceux qui tenteraient de rentrer à Tamines seraient fusillés. Il obligea les femmes et les enfants à crier : « Vive l'Allemagne. »

Les Allemands ont incendié, après les avoir pillées, 264 maisons du village. Beaucoup d'hommes, de femmes et d'enfants ont été brûlés ou asphyxiés dans leur maison. Beaucoup d'autres ont été fusillés dans la campagne. Le nombre des victimes dépasse au total 650.

Les enquêteurs ont spécialement porté leur attention sur le point de savoir si les habitants du village avaient tiré sur les troupes allemandes. Tous les témoins ont été unanimes à affirmer le contraire. Ils expliquent le massacre de leurs compatriotes, soit par le fait que les Allemands ont attribué aux habitants quelques coups de feu émanés de tirailleurs français, soit par la colère produite chez les soldats allemands par la réussite d'une attaque de nuit de l'armée française.

III. — Sac et massacres d'Andenne.

La ville d'Andenne est située sur la rive droite de la Meuse, entre Namur et Huy. Un pont la relie au village de Seilles, qui est bâti le long du fleuve sur la rive gauche. Elle possédait avant la guerre une population de 7.800 âmes.

Les troupes allemandes, qui voulaient passer sur la rive gauche, arrivaient à Andenne le mercredi 19 août, dans la matinée. L'avant-garde de uhlans qui les précédait constata que le pont était inutilisable. Un régiment d'infanterie belge l'avait fait sauter le même jour, vers 8 heures. Les uhlans se retirèrent après avoir saisi la caisse communale et après avoir brutalisé le bourgmestre, le Dr Camus, un vieillard âgé de 70 ans. Celui-ci avait, depuis plusieurs jours, pris les plus minutieuses précautions pour éviter toute participation de la population aux hostilités. Des affiches ordonnant le calme avaient été apposées. Toutes les armes avaient été réunies à l'Hôtel de Ville. Des démarches personnelles avaient été faites par les autorités auprès de certains habitants pour leur expliquer leurs devoirs.

Le gros des troupes arriva à Andenne dans l'après-midi. Les régiments se répandirent dans la ville et dans les environs, attendant l'achèvement d'un pont de bateaux, dont la construction ne fut terminée que le lendemain.

La première prise de contact entre les troupes et la population fut pacifique. Les troupes procédèrent à des réquisitions auxquelles il fut donné satisfaction. Les soldats payèrent d'abord

leurs emplettes et les boissons qu'ils se firent servir dans les cafés.
Mais, vers le soir, la situation empira à ce point de vue. Soit que
la discipline se fût relâchée, soit que l'alcool commençât à produire ses effets, les soldats s'abstinrent de payer les habitants.
Ceux-ci, effrayés, n'osaient résister. Il ne se produisit aucun
conflit. La nuit fut calme.

Le jeudi 20 août, le pont fut achevé et les troupes défilèrent
très nombreuses dans la ville, se dirigeant vers la rive gauche de
la Meuse. Les habitants les regardaient passer de l'intérieur des
habitations. Soudain, vers 6 heures du soir, retentit dans la rue
un coup de feu, immédiatement suivi d'une fusillade. Le mouvement des troupes s'arrêta, le désordre se mit dans leurs rangs ;
les soldats affolés tiraient au hasard. Une mitrailleuse fut postée
à un carrefour et commença à tirer dans les habitations. Une pièce
de canon, mise en batterie, tira trois obus sur la ville dans trois
directions différentes.

Au premier coup de feu, les habitants des rues traversées par
les troupes, devinant ce qui allait se passer, se réfugièrent dans
les sous-sols, ou, franchissant les murs et les haies des jardins,
allèrent chercher refuge dans les campagnes ou dans les caves
éloignées. Un certain nombre d'hommes, qui ne voulurent ou ne
purent fuir, furent bientôt tués dans leurs maisons par des coups
de feu partis de la rue ou tirés par des soldats qui pénétrèrent
dans les habitations.

Immédiatement aussi commencèrent le sac et le pillage des
maisons des principales rues de la ville. Toutes les vitres, tous
les volets, toutes les portes étaient brisés à coups de hache ; les
meubles étaient forcés et détruits. Les soldats se précipitaient
dans les caves, s'enivraient, cassaient les bouteilles de vin qu'ils
ne pouvaient emporter, mettaient finalement le feu à un certain
nombre de maisons. Pendant la nuit, à diverses reprises, la fusillade reprit. Toute la population tremblante se terra dans les
caves.

Le lendemain vendredi 21 août, dès 4 heures du matin, les soldats se répandirent dans la ville, chassèrent toute la population
dans la rue, forçant les hommes, femmes et enfants à marcher
les mains levées. Ceux qui n'obéissaient pas assez vite ou ne
comprenaient pas les ordres qui leur étaient donnés en allemand
étaient immédiatement abattus. Ceux qui tentaient de s'enfuir

étaient fusillés. C'est à ce moment que le Dr Camus, contre lequel les Allemands paraissent avoir eu des sentiments de haine particulière, fut blessé d'un coup de feu et achevé d'un coup de hache. Son cadavre fut traîné par les pieds à distance.

Un horloger flamand, établi depuis peu de temps dans la ville, sortit de sa demeure, sur l'ordre des soldats, en soutenant son beau-père, un vieillard de quatre-vingts ans. Il ne pouvait naturellement tenir les deux mains levées. Un soldat se précipita sur lui et le frappa de sa hache dans le cou. Il s'écroula mourant devant sa porte. Sa femme voulut se précipiter pour lui porter secours. Elle fut repoussée dans sa demeure et assista impuissante à l'agonie de son mari. Un soldat la menaçait de la tuer à coups de revolver si elle franchissait le seuil.

Pendant ce temps, toute la population était poussée vers la place des Tilleuls. Les vieillards, les malades, les impotents eux-mêmes y étaient conduits sur des brouettes, d'autres encore étaient soutenus ou portés par leurs proches. Les hommes furent séparés des femmes et des enfants. Tous furent fouillés, mais aucune arme ne fut trouvée. Un malheureux avait dans sa poche quelques douilles tirées de cartouches allemandes et belges. Il fut immédiatement appréhendé et mis à part. Il en fut de même d'un cordonnier qui, depuis un mois, avait une plaie au doigt. Un mécanicien fut pris parce qu'il avait en poche une clef anglaise qui fut considérée comme une arme. Un autre encore fut empoigné parce que sa figure paraissait exprimer l'indifférence ou le mépris pour ce qui se passait. Tous ces malheureux furent immédiatement fusillés en présence de la foule. Ils moururent bravement.

Au hasard, les soldats, sur l'ordre des officiers, séparèrent du groupe 40 ou 50 hommes. Ils furent emmenés et fusillés, les uns le long de la Meuse, les autres près de la gendarmerie.

Les hommes furent retenus longtemps sur la place. On y avait apporté deux malheureux blessés, l'un d'un coup de feu dans la poitrine, l'autre d'un coup de baïonnette. Ils gisaient la face contre terre, rougissant la poussière de leur sang, implorant à boire. Les officiers défendirent aux Andennais de leur porter secours. Un soldat fut gourmandé pour avoir voulu leur tendre sa gourde. Tous deux moururent dans la journée.

Pendant que ce drame se passait place des Tilleuls, d'autres groupes de soldats se répandaient dans le voisinage, continuant leur œuvre de sac, de pillage et d'incendie. Huit hommes appartenant à la même famille furent emmenés dans une prairie, à 5o mètres de la maison de l'un deux. Les uns furent fusillés, les autres tués et mutilés à coups de hache. Un grand soldat roux, la figure balafrée d'une cicatrice, se distingua par la férocité avec laquelle il mutila les victimes. Un enfant fut tué à coups de hache sur les bras de sa mère. Un jeune garçon, une femme furent fusillés.

Vers 10 heures du matin, les officiers renvoyèrent les femmes, leur donnant l'ordre de relever les morts et de faire disparaître les flaques de sang qui rougissaient les rues et les habitations. Vers midi, les hommes survivants, au nombre de 8oo environ, furent enfermés comme otages dans trois petites maisons situées près du pont. Il ne leur fut permis d'en sortir sous aucun prétexte. Ils y étaient serrés les uns contre les autres au point de ne pouvoir s'asseoir. Bientôt ces prisons furent transformées en infects taudis. Les femmes furent plus tard invitées à apporter de la nourriture à leurs proches. Beaucoup d'entre elles, craignant d'être violées, avaient pris la fuite. Les otages ne furent définitivement relâchés que le mardi suivant.

Le bilan du sac d'Andenne s'établit comme suit : 3oo habitants ont été massacrés à Andenne et à Seilles ; 3oo maisons environ ont été brûlées dans les deux localités. Un grand nombre d'habitants ont disparu. Presque toutes les maisons ont été saccagées et pillées. Le pillage dura plus de huit jours. D'autres localités ont plus souffert qu'Andenne, mais nulle autre ville belge ne fut le théâtre d'autant de scènes de férocité, de cruauté, de rage.

Les habitants nombreux qui ont été interrogés sont unanimes à affirmer qu'aucun coup de feu ne fut tiré sur les troupes. Ils font remarquer qu'aucun soldat allemand n'a été tué à Andenne ni dans les environs. Incapables de comprendre la raison de la catastrophe qui a ensanglanté leur ville, ils font, pour l'expliquer, des hypothèses multiples. Beaucoup sont convaincus qu'Andenne a été sacrifiée pour établir le règne de la terreur. Ils invoquent des paroles échappées à des officiers qui tendent à prouver que le sac de la ville était prémédité. Ils rapportent les propos tenus dans les villages par les troupes marchant sur Andenne qui annonçaient qu'elles allaient brûler la ville et massacrer toute la population.

Ils pensent que la destruction du pont, l'obstruction d'un tunnel voisin, la résistance des troupes belges furent des causes du massacre. Tous protestent que rien ne peut justifier ou excuser la conduite des troupes.

IV. — Sac de Dinant.

La ville de Dinant a été saccagée et détruite par l'armée allemande ; sa population a été décimée les 21, 22, 23, 24 et 25 août.

Le 15 août, un engagement violent eut lieu à Dinant entre les troupes françaises postées sur la rive gauche de la Meuse et les troupes allemandes qui arrivaient de l'Est. Les troupes allemandes furent défaites, mises en fuite et poursuivies par les Français, qui passèrent sur la rive droite du fleuve. La ville eut peu à souffrir ce jour-là. Quelques maisons furent détruites par les obus allemands destinés sans doute aux régiments français opérant sur la rive gauche. Un Dinantais, appartenant à la Croix-Rouge, fut tué par une balle allemande au moment où il ramassait un blessé.

Les journées qui suivirent furent calmes. Les Français occupaient les environs de la ville. Aucun engagement n'eut lieu entre les armées ennemies et il ne se produisit aucun fait qui pût être interprété comme un acte d'hostilité de la population. Aucune troupe allemande ne se trouvait à proximité de Dinant.

Le vendredi 21 août, vers 9 heures du soir, des soldats allemands descendus par la route de Ciney pénétrèrent dans la ville par la rue Saint-Jacques. Sans aucune raison, ils se mirent à tirer dans toutes les fenêtres, tuèrent un ouvrier qui rentrait chez lui, blessèrent un autre Dinantais et le forcèrent à crier : « Vive l'Empereur. » Ils frappèrent un troisième à coups de baïonnette dans le ventre. Ils entrèrent dans les cafés, s'emparèrent d'alcool, s'enivrèrent et se retirèrent après avoir incendié plusieurs maisons et après avoir brisé les portes et les fenêtres des autres habitations.

La population terrorisée, affolée, se renferma dans ses demeures.

La journée du samedi 22 août fut relativement calme. Toute vie était arrêtée. Une partie de la population, guidée par l'instinct de la conservation, s'enfuit dans les campagnes voisines.

Les autres, plus attachés à leurs foyers, rendus confiants par la conviction que rien ne s'était produit qui pût même être interprété comme un acte d'hostilité, se cachèrent dans leurs maisons.

Le dimanche matin 23 août, à 6ʰ 30, les soldats du 108ᵉ régiment d'infanterie firent sortir les fidèles de l'église des Prémontrés, séparèrent les femmes des hommes et fusillèrent une cinquantaine de ceux-ci.

Entre 7 et 9 heures du matin, maison par maison, les soldats se livrèrent au pillage et à l'incendie, chassant les habitants dans les rues. Ceux qui tentaient de s'enfuir étaient immédiatement fusillés.

Vers 9 heures du matin, les soldats poussèrent devant eux à coups de crosse de fusil les hommes, les femmes et les enfants dont ils s'étaient emparés. Ils les réunirent sur la place d'Armes, où ils furent retenus prisonniers jusqu'à 6 heures du soir. Leurs gardiens prenaient plaisir à leur répéter qu'ils seraient bientôt fusillés.

Vers 6 heures, un capitaine sépara les hommes des femmes et des enfants. Les femmes furent placées derrière un cordon de fantassins. Les hommes furent alignés le long d'un mur. Un premier rang dut se mettre à genoux, d'autres se tinrent debout derrière eux. Un peloton de soldats se plaça en face du groupe. Ce fut en vain que les femmes implorèrent la grâce de leur mari, de leurs fils et de leurs frères. L'officier commanda le feu. Il n'avait procédé à aucune enquête, à aucun simulacre de jugement.

Une vingtaine d'hommes n'avaient été que blessés et s'étaient écroulés parmi les cadavres. Les soldats, pour plus de sûreté, firent une nouvelle décharge dans le tas. Quelques Dinantais échappèrent à cette double fusillade. Ils firent le mort pendant plus de deux heures, restant immobiles sous les cadavres et, la nuit venue, réussirent à se sauver dans la montagne. Il resta sur place 84 victimes qui furent enterrées dans un jardin voisin.

La journée du 23 août fut ensanglantée par bien d'autres massacres.

Les soldats découvrirent dans les caves d'une brasserie des habitants du faubourg Saint-Pierre et ils les y fusillèrent.

Depuis la veille, une foule d'ouvriers de la soierie Himmer s'étaient réfugiés avec leurs femmes et leurs enfants dans les caves de la fabrique. Ils y avaient été rejoints par des voisins et par différents membres de la famille de leur patron. Vers 6 heures du soir, ces infortunés se décidèrent à sortir de leur refuge et se formèrent en un cortège tremblant précédé d'un drapeau blanc. Ils furent immédiatement saisis et brutalisés par les soldats. Tous les hommes furent fusillés sur place et avec eux M. Himmer, consul de la République Argentine.

Presque tous les hommes du faubourg de Leffe sont exécutés en masse. Dans une autre partie de la ville, douze civils sont massacrés dans une cave. Rue Enile, un paralytique est fusillé dans son fauteuil. Rue d'Enfer, un soldat abat un jeune garçon de quatorze ans.

Au faubourg de Neffe, un massacre ensanglante le viaduc du chemin de fer. Une vieille femme et tous ses enfants sont tués dans une cave. Un vieillard de soixante-cinq ans, sa femme, son fils et sa fille, sont fusillés contre un mur. D'autres habitants de Neffe sont conduits en barque jusqu'au Rocher Bayard et y sont fusillés. Parmi eux se trouvent une femme de quatre-vingt-trois ans et son mari.

Un certain nombre d'hommes et de femmes avaient été enfermés dans la cour de la prison. Vers 6 heures du soir, une mitrailleuse allemande, placée sur la montagne, ouvrit le feu sur eux. Une vieille femme et trois autres personnes furent abattues.

Pendant que certains soldats se livraient à ces massacres, d'autres pillaient et saccageaient les habitations, défonçaient les coffres-forts ou les faisaient sauter à la dynamite. Ils pénétrèrent à la Banque centrale de la Meuse, s'emparèrent du directeur, M. Xavier Wasseige, et le sommèrent d'ouvrir les coffres-forts. Comme il s'y refusait, ils tentèrent de forcer les coffres ; n'y parvenant pas, ils emmenèrent M. Wasseige et ses deux fils aînés vers la place d'Armes, où ils furent fusillés à la mitrailleuse avec 120 de leurs concitoyens. Les trois plus jeunes enfants de M. Wasseige, maintenus par des soldats, furent contraints d'assister au meurtre de leur père et de leurs frères. On rapporte encore ce détail qu'un des fils Wasseige agonisa sur place pendant une heure sans que personne osât lui porter secours.

Leur œuvre de destruction et de vol accomplie, les soldats mettaient le feu aux maisons. La ville ne fut bientôt qu'un immense brasier.

Les femmes et les enfants avaient été concentrés dans un couvent. Ils y furent retenus prisonniers pendant quatre jours. Ces malheureux restaient dans l'ignorance du sort de leurs proches. Ils s'attendaient à être fusillés eux aussi. Autour d'eux, la ville achevait de brûler. Le premier jour, des moines purent leur donner une nourriture insuffisante. Bientôt ils furent réduits à se nourrir de carottes crues et de fruits verts.

Il a été également démontré par l'enquête que les soldats allemands exposés au feu des Français sur la rive droite s'abritèrent, à certains endroits, derrière un rempart de civils, de femmes et d'enfants.

En résumé, la ville de Dinant est détruite. Elle comptait 1.400 maisons, 200 restent debout. Les fabriques qui faisaient vivre la population ouvrière ont été systématiquement anéanties. Beaucoup d'habitants ont été emmenés en Allemagne et y sont encore retenus prisonniers. Le plus grand nombre se sont dispersés dans toute la Belgique. Ceux qui sont restés dans la ville y meurent de faim.

La Commission possède la liste des victimes du massacre de Dinant. Cette liste contient près de 700 noms et elle n'est pas complète. Parmi les morts il y a 73 femmes et 39 enfants des deux sexes, âgés de six mois à quinze ans.

Dinant avait 7.600 habitants ; le dixième de cette population a été mis à mort ; il n'est pas de famille qui ne compte des victimes, et certaines ont entièrement disparu.

V. — Massacres d'Hastière, d'Hermeton et de Surice.

Le 23 août les Allemands envahirent le village d'Hastière-par-delà ([1]). Ils saisirent le Dr Halloy, médecin de la Croix-Rouge, et le fusillèrent. Traversant la route, ils se dirigèrent vers la maison du boucher Alphonse Aigret ; ils le firent sortir avec sa femme et ses enfants et le fusillèrent lui et son fils aîné. De là, ils allèrent chez le fermier Jules Rifon ; ils le firent sortir de la cave où il s'était réfugié avec ses filles et le fusillèrent ; ils fusillèrent le fermier Bodson, ses deux fils et dix autres habitants.

---

(1) Récit de Mgr X..., annexé au procès-verbal de la séance du 18 décembre 1914.

DINANT. — L'église avant le bombardement.

DINANT. -- L'église après le bombardement.

Le village fut ensuite pillé et la plupart des maisons incendiées. Un grand nombre de personnes furent tuées ou blessées.

La vieille église d'Hastière fut odieusement profanée. Des chevaux y avaient été amenés. Les ornements sacerdotaux ont été déchirés et souillés. Les chandeliers, les statues, les bénitiers ont été brisés. Le reliquaire a été brisé et les reliques dispersées. Parmi celles-ci se trouvaient les reliques des vierges de Cologne qui avaient échappé à la furie huguenote de 1590 et à la destruction en 1790. Le tabernacle résista aux tentatives d'effraction. Deux des quatre autels ont été profanés; les sépulcres des autels ont été brisés. Les reliques en ont été enlevées et foulées aux pieds.

Le village d'Hermeton (1) est entièrement saccagé; beaucoup d'habitants ont été tués et des maisons brûlées.

Le curé d'Hastière-par-delà, l'abbé Émile Schlogel, se trouvait dans le sous-sol de l'église avec son beau-frère, M. Ponthière, professeur à l'Université de Louvain, sa femme, sa fille et deux domestiques, l'instituteur, sa femme et sa famille et d'autres habitants du village. Les Allemands tirèrent sur eux à travers les ouvertures de la cave. On les fit remonter sur la route où ils furent mis en présence de quelques officiers dont certains étaient ivres. Quelques questions furent posées au curé sans lui laisser le temps d'y répondre. Les femmes furent séparées des hommes; le curé, M. Ponthière, l'instituteur et d'autres encore furent fusillés et les corps abandonnés sur la route. Cela se passait le 24 août 1914, vers 5h 30 du soir.

C'est le même jour que le village de Surice (2) fut envahi par les troupes allemandes. Vers 11 heures du soir, elles mirent le feu à quelques maisons.

Le lendemain matin, vers 6 heures, les soldats, enfonçant les portes et les fenêtres à coups de crosse, forcèrent les habitants à sortir et les conduisirent dans la direction de l'église. En cours de route les soldats tiraient sur les gens les plus inoffensifs. « C'est ainsi que le vieux chantre de la paroisse, Charles Colot, âgé de quatre-vingt-huit ans, qui était venu sur sa porte, fut

_____

(1) Récit de Mgr X..., annexé au procès-verbal de la séance du 18 décembre 1914.

(2) Récit de Mlle Aline Dierickx de Tenham, annexé au même procès-verbal.

fusillé ; les soldats le roulèrent dans une couverture et y mirent le feu. »

Le nommé Élie Pierrot, qui sortait de sa maison en feu, portant sa belle-mère impotente et âgée de quatre-vingts ans, fut saisi par les Allemands qui le fusillèrent à bout portant. Le facteur des Postes, Léopold Burniaux, son fils Armand, prêtre depuis un an, et un autre de ses fils furent tués sous les yeux de Mme Burniaux. Celle-ci et son dernier fils, professeur au collège de Malonne, furent réunis au groupe des habitants et entraînés avec eux sur la route de Romedenne. Dans un jardin en contre-bas de la route gisait le cadavre d'une femme ; deux petits enfants pleuraient à ses côtés.

Arrivés « aux Fosses », les habitants furent conduits sur une terre en jachère. Ils étaient là environ 50 à 60 personnes, hommes et femmes. « Il était à peu près 7^h 15 du matin. A ce moment, on fit mettre les hommes d'un côté et les femmes de l'autre. Un officier arriva, qui nous dit en français, avec un fort accent allemand : « Vous méritez d'être fusillés tous ; une jeune fille de « quinze ans a tiré sur un de nos chefs, mais le Conseil de guerre « à décidé que seuls les hommes seront fusillés ; les femmes « seront prisonnières. » Ce qui se passa alors n'est pas à décrire. Dix-huit hommes étaient là, debout. A côté des curés d'Anthée et de Onhaye, et de M. l'abbé Gaspiard, il y avait là notre curé M. Poskin et son beau-frère M. Schmidt, puis M. le Dr Jacques et son fils Henri, un tout jeune homme de seize ans à peine ; plus loin, Gaston Burniaux, fils du facteur, Léonard Soumoy ; plus loin encore, les nommés Balbeur et Billy, celui-ci avec son fils, âgé de dix-sept ans environ ; enfin il y avait un homme de Onhaye et un autre de Dinant, qui étaient venus chercher asile à Surice, puis deux autres encore, dont je ne trouve pas les noms. On faillit ranger près deux le petit garçon de M. Schmidt. Il n'avait que quatorze ans ; les soldats hésitèrent, puis le repoussèrent brusquement. A ce moment, je vis un jeune soldat allemand — je le dis en toute sincérité — qui était si ému que de grosses larmes tombaient sur sa tunique et, sans s'essuyer les yeux, il se détournait pour n'être pas vu de l'officier.

« Quelques minutes s'écoulèrent ; puis, sous nos regards épouvantés et au milieu des clameurs des femmes qui criaient : « Tuez-moi aussi ; tuez-moi aussi », malgré les cris des enfants, on rangea les hommes au bord du chemin creux qui va de la grand'route vers le bas du village. Ils nous faisaient des signes d'adieu, les uns de la main, les autres de la casquette ou de leur chapeau. Le jeune Henri Jacques s'appuyait sur l'un des prêtres comme pour chercher asile et secours auprès de lui et il criait : « Je suis trop jeune, je n'ai pas le courage de mourir. » Ne pouvant supporter davantage ce spectacle, je me tournai de côté et me couvris les yeux des deux mains. Les soldats tirèrent une salve et tous les hommes s'effondrèrent. On me dit : « Regardez, « ils sont tombés. » Quelques-uns n'étaient pas morts sur le coup ; on les voyait remuer l'un ou l'autre membre ; les soldats les achevèrent à coups de crosse sur la tête, et parmi eux M. le curé de Surice, qui, m'a-t-on dit plus tard, a eu la tête horriblement tuméfiée.

« Aussitôt le massacre achevé, les Allemands dépouillèrent les cadavres ; ils prirent les montres, les bagues, les porte-monnaie et les portefeuilles. M. Schmidt portait, m'a dit Mme Schmidt, une somme d'environ 3.000 francs ; elle fut volée. M. le Dr Jacques était également porteur d'une somme importante ; sa femme ne put dire exactement à combien elle s'élevait.

« Sur ces entrefaites, des soldats allemands amenèrent un nommé Victor Cavillot, et avant même qu'il fût arrivé à l'endroit où venaient d'être fusillés les autres, on tira sur lui et je le vis tournoyer sur lui-même ; son corps tomba dans le chemin creux. »

Le village de Surice fut entièrement pillé. Le pillage, commencé dans la nuit du mardi, a continué toute la journée du mercredi. Le coffre-fort de Mme Vve Laurent-Mineur a été dynamité.

Des 131 maisons qui constituaient le village, 8 seulement ont échappé à l'incendie.

Le présent rapport ne donne qu'une image incomplète des ravages et des crimes commis par l'armée allemande dans la province de Namur. Nous manquons de renseignements concernant trois des six cantons que compte l'arrondissement de Namur ; les chiffres de 800 personnes tuées et 1.160 maisons brûlées admis actuellement pour ce seul arrondissement devront donc être majorés. Dans l'arrondissement de Dinant, outre le chef-lieu, 21 villages ont été détruits. Dans l'arrondissement de Philippeville, 20 villages ont été saccagés, pillés et plus ou moins incendiés.

Dans la province entière, qui compte 364.000 habitants, près de 2.000 personnes inoffensives, hommes, femmes et enfants, ont été massacrées.

* *

La Commission a pris pour règle de se borner à un simple exposé des faits, estimant qu'aucun commentaire n'ajouterait à leur tragique éloquence. Elle croit cependant que les constatations enregistrées ci-dessus appellent certaines conclusions.

On a dit que lorsque la Belgique fera le compte de ses pertes, il apparaîtrait que la guerre y fit plus de victimes dans la population civile que parmi les hommes appelés à servir le pays sur les champs de bataille. Ces prévisions, que la raison se refusait à accepter, sont dès à présent confirmées en ce qui concerne la province de Namur où, dans certaines régions, la moitié de la population mâle et adulte a disparu. L'horreur des incendies de Louvain et de Termonde, des massacres d'Aerschot, du Luxembourg et du Brabant se trouve dépassée par les tueries de Dinant, de Tamines, d'Andenne, de Surice et de Namur.

Le Namurois a vécu au vingtième siècle toute l'épouvante des anciennes guerres avec leur accompagnement légendaire de massacres en masse de la population, d'orgies sanglantes, de mises à sac et d'incendies de villes entières.

Les exploits de bandes mercenaires du dix-septième siècle ont été dépassés par ceux de l'armée nationale d'un pays qui persiste à revendiquer la première place parmi les peuples de haute civilisation.

Le Gouvernement allemand ne contestera pas l'exactitude des faits qu'attestent les ruines et les tombes dont notre sol est couvert; mais il s'est déjà efforcé de disculper ses armées en affirmant qu'elles n'ont fait que réprimer, selon les lois de la guerre, les actes d'hostilité auxquels elles furent en butte de la part de la population belge.

Dès le premier jour la Commission s'appliqua à rechercher ce qu'il pourrait y avoir de fondé dans cette allégation, si invraisemblable pour qui connaît notre peuple.

Après avoir entendu des centaines de témoins, tant Belges qu'étrangers, et épuisé tous les moyens d'investigation à sa

4

disposition, elle affirme une fois de plus que la population de Belgique n'a pas participé aux hostilités. La guerre de francs-tireurs, qui aurait été faite aux troupes allemandes dans notre pays, est une invention destinée à atténuer l'impression causée dans le monde civilisé par le traitement barbare infligé par les troupes allemandes aux populations belges et à apaiser les scrupules du peuple allemand, qui frémira d'épouvante le jour où il saura quel tribut de sang innocent ses armées ont prélevé sur nos enfants, nos femmes et nos concitoyens sans défense.

Au surplus, les chefs de l'armée allemande se sont singulièrement mépris en espérant impressionner par cet argument le verdict du monde civilisé. Ils paraissent ignorer que la répression collective de fautes individuelles, proscrite par les conventions internationales pour lesquelles ils n'ont que railleries, est depuis longtemps condamnée dans la conscience des peuples modernes, parmi lesquels l'Allemagne apparaît désormais comme une monstrueuse et déconcertante entité morale.

Les Secrétaires,   *Le Président,*

Ch^{er} ERNST DE BUNSWYCK,   COOREMAN.

ORTS.

Le Vice-Président,

Comte GOBLET D'ALVIELLA.

DOUZIÈME RAPPORT

Conclusions générales.

Le Havre, 20 janvier 1915.

A Monsieur CARTON DE WIART, Ministre de la Justice.

Monsieur le Ministre,

La Commission n'a encore accompli qu'une partie de sa tâche.

Cependant elle croit opportun de formuler dès maintenant certaines conclusions générales qui se dégagent des faits résumés dans ses précédents rapports.

On a suffisamment rappelé depuis le commencement de la guerre l'opinion des écrivains militaires et même des hommes d'État allemands sur la nécessité de dévaster les pays envahis et de terroriser leurs populations, en vue d'amener leurs Gouvernements à solliciter ou à accepter une paix onéreuse. Les excès de l'armée allemande en Belgique montrent où peut conduire cette thèse barbare quand on en a pénétré officiers et soldats.

Pendant les derniers siècles, les coutumes de la guerre n'autorisaient que le sac des places fortes prises d'assaut. Dans la guerre actuelle, il suffit aux Allemands de ce cri, poussé par un soldat, peut-être ivre ou assoiffé de pillage : *Man hat geschossen,* « On a tiré », pour que la localité soit livrée sans contrôle, sans délai et sans rémission, à toutes les fureurs de la soldatesque. « Quand un habitant a tiré sur un régiment, disait un soldat à Louvain (¹), la localité appartient aux soldats du régiment. »

Instantanément, les soldats se mettent à tirer des coups de fusil, dans les rues et sur les habitations, tantôt au hasard, tantôt contre les malheureux qui essaient de s'échapper ou de se réfugier dans leurs caves. Ils enfoncent les portes des maisons à coups de crosse, et alors commence le pillage, qui débute généralement par l'absorption du contenu des caves. Sur ce dernier point, les officiers rivalisent avec les soldats et il n'est guère de bourg dans l'aisance où, après le départ des envahisseurs, le sol ne soit jonché de bouteilles vides et brisées. Les pillards montent ensuite aux étages. Les soldats font main basse sur tous les objets de quelque valeur, bijoux, argenterie, linge, vêtements, literie, argent monnayé, billets de banque et titres au porteur découverts dans les coffres-forts éventrés. Les officiers de tout grade ne dédaignent pas de prélever leur part. Le fait est attesté par d'innombrables témoins.

Pendules et pianos, objets d'art et meubles de prix s'entassent dans des charrettes et des fourgons à destination de l'Allemagne. Tout ce qu'on ne peut emporter est brisé, déchiré, sali

(1) Séance du 26 septembre 1914.

de la façon la plus ignoble. Dans des lettres et des carnets de campagne saisis sur des prisonniers, ceux-ci se vantent du butin dont ils ont pu s'emparer et se félicitent des facilités qu'on leur a données à cet égard.

Il faut observer que ces opérations se font systématiquement et par ordre. Nous avons rappelé précédemment qu'à Wesemael un honnête soldat, restituant à une religieuse « pour ses pauvres » une modeste somme dont il s'était emparé dans une maison particulière, lui disait : « J'ai dû piller, mais je ne suis pas un voleur. »

Nombreux sont les témoignages attestant que le sac de certaines localités s'est opéré d'après des ordres supérieurs, suivant un plan arrêté d'avance.

La mise au pillage est générale dans les maisons abandonnées, mais la présence des habitants n'y est pas toujours un obstacle. On sait ce qui attend ceux qui réclament. Ce que les Allemands dédaignent d'emporter est parfois abandonné à la lie de la population.

Après le pillage, l'incendie, qui semble souvent avoir pour objet d'effacer la trace des déprédations. Il est allumé systématiquement, rue par rue, à l'aide de pompes à pétrole, de grenades, de fusées et d'ingrédients spéciaux, par des incendiaires à la suite de chaque détachement. On tire sur les civils qui cherchent à combattre l'élément destructeur, et comme à Sempst (¹), à Hérent (²), à Louvain (³), à Liège (⁴) et à Dinant (⁵), on pousse dans les flammes les familles qui cherchent à fuir leur toit embrasé.

En même temps se poursuivent les arrestations arbitraires. On choisit parmi les notables, évêques, bourgmestres, échevins, curés, instituteurs, etc., des otages (⁶), qui répondront sur leur

(1) Séance du 15 septembre 1914.
(2) Séance du 4 septembre 1914.
(3) Séance du 31 août 1914.
(4) Séance du 25 septembre 1914.
(5) Séance du 30 septembre 1914.
(6) Voir 6ᵉ rapport, proclamation affichée à Grivegnée. Les évêques de Namur et de Tournai ont été pris comme otages. Ce dernier, vieillard de soixante-quatorze ans, a été arrêté à la fin du mois d'août, lors de l'occupation de Tournai par les Allemands. Vers minuit, il fut conduit à Ath avec les autres otages. Quelques prisonniers français et des individus arrêtés comme

vie non seulement des agressions à main armée commises par
leurs concitoyens, mais encore des actes imputables à des militaires, notamment quand ceux-ci ont endommagé des voies et
communications, des fils du télégraphe ou du téléphone ([1]). Certaines proclamations nous le disent en termes formels : Les
innocents paieront à défaut des coupables.

La prise d'otages n'arrête pas le massacre des habitants qui
ont encouru le soupçon ou excité la mauvaise humeur d'un
soldat. Les femmes et même les enfants ne sont pas épargnés.
Ce qui reste de la population mâle, les mains liées derrière le
dos, est poussé à coups de crosse dans une église ou quelque
autre local, où on l'abreuve d'ignominies ; enfin on la chasse,
comme un troupeau, soit pour jouer le rôle d'un bouclier vivant
en tête d'une colonne exposée au feu de l'ennemi (nous pouvons
citer d'innombrables cas), soit pour la diriger finalement sur
l'Allemagne, où on la forcera d'exécuter certains travaux, comme
à l'époque de l'esclavage antique, et où, suivant des témoignages qui nous sont récemment parvenus, elle est traitée d'une
manière tout à fait inhumaine. Les femmes, quand elles ne sont
pas expulsées en masse, sont laissées avec leurs enfants dans
leurs habitations dévastées, mais exposées à d'infâmes outrages
dont nous n'avons que trop entendu les pénibles échos.

Ce n'est pas cependant que les organisateurs de ces prétendues
représailles aient toujours été de mauvaise foi. A force de répéter
que la population civile rêve invariablement de les égorger, les
Allemands ont fini par s'en persuader eux-mêmes. On a constaté
que les troupes vivaient, à cet égard, sous une perpétuelle obsession. En dehors des champs de bataille, le moindre bruit les fait
tressauter. Un pneu de vélo qui crève, un pétard qui éclate sous
un train, comme à Jurbise ([2]) ; les explosions d'un moteur à gaz,
comme à Alost ; les déflagrations de certains produits dans un

---

détrousseurs de cadavres, tous encadrés par des soldats baïonnette au canon.
A Ath, les deux premiers jours, ils furent traités ignominieusement, laissés
sans couchette et sans nourriture. Un soldat même donna un coup de poing
dans le dos de l'évêque pour le faire avancer plus vite (Séance du 3 septembre
1914).

[1] Voir 6e rapport, proclamation du gouverneur général von der Goltz.

[2] Séance du 5 octobre 1914.

laboratoire gagné par l'incendie, comme à Louvain (¹), amènent invariablement le cri de : *Man hat geschossen*, avec toutes ses sinistres conséquences. Une lettre d'un médecin allemand, trouvée à Termonde (²), dit que le capitaine ne s'aventure jamais hors du quartier sans deux soldats qui le gardent, armés de revolvers et de carabines.

Dans tous les environs d'Aerschot, on a interdit de moudre la farine nécessaire à l'alimentation des habitants, sous prétexte que les ailes du moulin peuvent servir de signaux. A Limbourg (³), c'est la réverbération de la lune dans les carreaux de l'église qu'on prétend fournir des indications à l'ennemi. A Izel, c'est le drapeau flottant depuis quinze jours sur le clocher qui provoque cette crainte (⁴). A Sitaert (⁵), on confisque les engins d'une société de tir à la perche, sous prétexte qu'ils peuvent servir contre les troupes après avoir été empoisonnés. Tout cela serait simplement grotesque si, sur un simple soupçon, la vie et la propriété des habitants n'étaient mises en péril.

Est-il surprenant que, dans cet état mental, les soldats, soupçonnant partout des embûches, en viennent à tirer les uns sur les autres, voire sur leurs officiers, comme à Louvain, à Aerschot, à Visé, à Andenne, etc., alors que la population civile, précédemment désarmée par les soins de l'autorité locale, assiste en tremblant, par les soupiraux de ses caves, à une joute sanglante dont elle aura bientôt à payer le prix.

Aussitôt l'ordre rétabli, le premier soin des autorités militaires sera de dissimuler ou plutôt de dénaturer l'incident, et on créera la légende d'une attaque par les civils. Rares sont les officiers qui gardent leur sang-froid, consentent à surseoir, à ouvrir une enquête, à s'assurer si la balle trouvée dans le corps des victimes n'est pas sortie d'un fusil allemand, ainsi qu'à Montaigu et à Wavre, ou si la maison qu'on désigne comme point de départ des coups de feu n'était pas absolument dépourvue d'habitants, ou enfin si le fait n'est pas attribuable à des soldats en fuite qui ont revêtu des habits civils afin de mieux assurer leur retraite.

---

(1) Séance du 28 septembre 1914.
(2) Séance du 30 septembre 1914.
(3) Séance du 19 septembre 1914.
(4) Séance du 18 septembre 1914.
(5) Séance du 29 août 1914.

D'ailleurs, au besoin, on organisera, comme à Louvain, une
véritable comédie, quatre jours après le bombardement, pour
l'édification de journalistes étrangers ou de diplomates enquêteurs, en faisant tirer dans les rues des coups de feu par de
prétendus civils qui sont des militaires déguisés. Nous comptons
revenir sur cette odieuse mise en scène.

Souvent l'agression n'existe que dans l'imagination des soldats.

Un des plus hauts dignitaires du royaume, arraché de son
château et enfermé toute la nuit dans une cave en compagnie de
sa famille, sur le bruit qu'on avait découvert dans un de ses bois
vingt-cinq cadavres d'Allemands fraîchement tués, n'a échappé
avec les siens à la mort suspendue sur leur tête qu'en obtenant,
au matin, et non sans peine, de faire constater l'absence de tout
cadavre d'homme et même de cheval. Quant aux exécutions en
masse des habitants, ce qui les caractérise, c'est le refus d'écouter
les explications, même les plus plausibles, des victimes. Ou bien
il y aura un simulacre de jugement devant un conseil de guerre
improvisé dont les membres ne comprennent pas toujours la
langue des accusés. On cite une malheureuse qui, mise en présence de son mari fusillé, demandait à l'officier : « Que vous
avait-il fait ? — Il avait tiré. — Et celui-ci aussi avait-il tiré ? »
s'écria-t-elle en montrant le cadavre d'un petit enfant, massacré
à côté de son père. L'officier s'éloigna sans rien dire, mais la tête
basse, rapportent les témoins.

C'est le même goût de mise en scène qui se révèle dans les
raffinements de cruauté avec lesquels on traite les prisonniers
civils. Qu'on compte ou non les fusiller, on leur fera accomplir,
sous les coups de crosse, d'interminables promenades dans les
rues et dans les campagnes, on les soumettra à des simulacres
d'exécution plusieurs fois répétés, on les obligera à creuser leurs
propres fosses, on les mutilera de la façon la plus barbare. On a
vu des officiers, chez qui n'avait pas disparu tout sentiment d'humanité, verser des larmes en exécutant leur mission de bourreaux, comme à Hersselt, à Dinant, etc. (¹). D'autres, comme
à Louvain, à Visé, à Andenne, avertissent charitablement les
familles qui les avaient courtoisement hébergés, qu'elles feraient
bien de quitter la ville, parce qu'il allait s'y passer des « choses

_____

(¹) Séance du 29 août 1914.

terribles » (¹). Tout cela n'indique-t-il pas un plan prémédité et systématique ?

Désormais, il semble bien que pour dévaster une localité, nos envahisseurs ne cherchent même plus le prétexte que la résistance armée est attribuable à des civils. Partout où ils se heurtent à nos soldats, ils prétendent se venger sur les populations. Dans combien de cas n'est-il pas établi que les événements se sont déroulés de la sorte : Un peloton de uhlans ou de hussards, surpris par un détachement de nos troupes, se sauve en laissant sur place quelques-uns des leurs. Revenus en nombre après le départ des nôtres, ils imputent le fait soit aux habitants de la localité la plus voisine, soit à d'hypothétiques « francs-tireurs », par exemple à Hastière, à Linsmeau, à Francorchamps. Parfois ils transforment même en crime le simple fait d'avoir hébergé des soldats alliés qui les ont précédés (²).

Chaque insuccès de leurs armes a été suivi de représailles contre des populations inoffensives. Leur expulsion de Termonde par l'armée belge a provoqué la destruction totale de cette ville par le feu ; la prise d'Alost a eu pour conséquence un nouveau bombardement de Malines, sans parler des bombardements d'Heyst-op-den-Berg, d'Hérenthals, de Bourg-Léopold, d'Ypres, etc.

En réalité, le principe qui domine, c'est que tout est permis quand il s'agit de favoriser le succès des armes allemandes, et à ce sentiment semble se mêler une haine particulière contre les Belges, qu'on veut frapper, parce que leur fidélité aux obligations de leur neutralité a fait échouer le plan dont les Allemands attendaient un succès immédiat et décisif, dans leur agression contre la France.

Peut-être y a-t-il lieu de raconter ici brièvement les accusations par lesquelles les Allemands ont cherché, sinon à justifier les faits qui ont marqué d'une tache ineffaçable le passage de leur armée en Belgique, du moins à atténuer l'horreur que ces attentats ont suscitée chez tous les peuples civilisés et que l'Allemagne elle-même partagera un jour, si elle ne reste pas fermée à tout sentiment de justice et d'humanité.

---

(1) Séance du 24 septembre 1914.
(2) Voir 6ᵉ rapport, proclamation affichée à Namur.

Ces accusations peuvent se résumer de la sorte :

1° *Les mauvais traitements infligés aux familles allemandes qui habitaient la Belgique au début des hostilités.* — Dès que ces allégations ont été connues, des enquêtes ont été faites par l'autorité judiciaire belge. Elles ont abouti à des résultats négatifs. Les « atrocités » qu'ont dénoncées certains journaux allemands sont de pure invention. Tout s'est borné à quelques excès de la populace qui a cassé des carreaux et envahi certains magasins, mais sans violences sérieuses sur les personnes. D'ailleurs les autorités locales sont intervenues partout pour apaiser et au besoin réprimer efficacement les manifestations exagérées de l'opinion publique contre les immigrés.

2° *Les mutilations que les habitants et même les soldats belges auraient infligées aux blessés ou aux prisonniers allemands : yeux arrachés, membres mutilés, massacre d'ennemis sans défense.* — Malgré ses efforts, l'autorité allemande n'a pu recueillir aucune preuve de ces calomnies lancées par des journaux sans scrupules. Une des feuilles qui s'est distinguée dans cette campagne, la *Gazette de Cologne*, a été forcée d'enregistrer les démentis d'aumôniers et de médecins allemands dont on avait impudemment invoqué les témoignages, notamment ceux des directions allemandes des hôpitaux de Hanovre, d'Aix-la-Chapelle, de Gross-Lichterfelde et du Grand Hôpital de la Charité, à Berlin.

3° *Les pillages qui auraient été l'œuvre non des troupes allemandes, mais des soldats belges ou de la population elle-même.* — Des actes de ce genre ont pu se commettre, mais ce sont des cas exceptionnels, isolés et seulement en vue de glaner ce que les soldats allemands avaient dédaigné d'emporter. Les fourgons et les trains chargés de butin qui sont partis pour l'intérieur de l'Allemagne, au vu et au su de toute notre population, sont une réponse suffisante à des allégations dont l'unique but est de masquer les déprédations systématiques des pillards allemands de toute arme et de tout grade.

4° *La distribution d'armes aux populations belges, pour qu'elles en fissent usage contre les troupes allemandes.* — Nous avons rappelé plus haut comment ces troupes ont été constamment hantées par le cauchemar des francs-tireurs en Belgique. L'autorité supérieure, loin d'avoir poussé les civils dans la mêlée, n'a cessé de leur recommander l'abstention de toute violence, comme l'attestent les circulaires ministérielles que nous reproduisons en annexe. Ces circulaires ont été placardées sous forme d'affiches dans toutes les communes du royaume. De leur côté, les bourgmestres, toujours pour se conformer aux instructions du ministère, ont invité les habitants, soit collectivement par voie de proclamation, soit individuellement par l'intermédiaire des gardes champêtres, à déposer dans les bureaux communaux les armes dont ils étaient détenteurs. Ce qui n'a pas empêché les Allemands de s'en prendre aux bourgmestres des agressions dont ils se prétendaient l'objet, et en maintes localités d'assouvir leur fureur dans le sang du clergé paroissial, faussement accusé d'avoir excité les populations à la résistance. Ses membres ont été fusillés sans que rien de ce genre eût pu être établi à leur charge ; la plupart avaient, au contraire, donné publiquement des conseils de calme et de patience. Mais leur martyre faisait évidemment partie du plan de terrorisation.

Il est possible que, malgré ces avertissements et ces conseils, des actes de résistance et même d'agression armée se soient produits sur quelques points, sans concert préalable. Mais la Commission d'enquête, après une instruction minutieuse, n'est point parvenue à relever un seul cas impliquant une participation directe aux hostilités qui soit attribuable aux populations civiles. C'est aux accusateurs d'apporter leurs preuves. Nous avons déjà fait remarquer combien il était invraisemblable que les populations, terrorisées et conscientes de leur faiblesse, auraient été provoquer de gaieté de cœur les excès de la furie à laquelle les Allemands s'étaient livrés dès leur entrée sur le territoire belge.

Il convient de faire observer, en terminant ce rapport, que les faits sur lesquels s'appuient ses conclusions sont attestés par des témoins honorables ; ceux-ci ont vu par eux-mêmes et ont signé leur déposition. Comme nombre d'entre eux habitent des territoires encore occupés par l'envahisseur, on comprendra que nous ne livrions point prématurément leurs noms à la publicité. Mais nous ne craignons pas, et même nous appelons de tous nos vœux la constitution d'une Commission internationale qui reprendrait notre enquête sur des bases plus larges, en offrant aux témoins toutes les garanties de sécurité personnelle. On verra alors ce que les Belges ont souffert pour avoir voulu rester fidèles à leurs engagements. Peut-être ces souffrances serviront-elles la cause de la paix, du droit et de l'humanité, en amenant les peuples horrifiés par ces abominations à établir un régime international qui en rende impossible le retour.

Les Secrétaires,   Le Président,

Ch⁰ʳ Ernst de Bunswyck,   Cooreman.
Orts.

Le Vice-Président,

Comte Goblet d'Alviella.

ANNEXE

————

Non-participation des populations civiles aux hostilités.
Instructions des autorités belges.

Dès le début des hostilités, le 4 août 1914, le ministre de l'Intérieur, M. Berryer, adressait aux 2.700 communes du pays une circulaire précisant les devoirs des autorités communales et l'attitude des populations pendant la durée de la guerre :

« La menace d'une invasion étrangère, écrivait-il, jettera l'émoi et le trouble dans la population. Le premier soin des autorités communales sera d'instruire leurs administrés des devoirs de tous envers la patrie et de la conduite qu'ils auront à tenir vis-à-vis de l'armée envahissante.

« C'est ce qui fait l'objet de la présente circulaire.

« D'après les lois de la guerre, les actes d'hostilité, c'est-à-dire de résistance et l'attaque par les armes, l'emploi des armes contre les soldats ennemis isolés, l'intervention directe dans les combats ou rencontres *ne sont jamais permis à ceux qui ne font partie ni de l'armée, ni de la garde civique, ni des corps des volontaires observant les lois militaires, obéissant à un chef et portant un signe distinctif apparent.*

« Ceux qui sont autorisés à faire des actes d'hostilité sont qualifiés *belligérants;* lorsqu'ils sont pris ou mettent bas les armes, ils ont droit au traitement des prisonniers de guerre.

« Si la population d'un territoire qui n'a pas encore été occupé par l'ennemi prend spontanément les armes à l'approche de l'envahisseur sans avoir eu le temps de s'organiser militairement, elle sera considérée comme belligérante si elle porte les armes ouvertement et si elle se conforme aux lois de la guerre.

« L'individu isolé, qui n'appartiendrait à aucune de ces catégories, et qui commettrait un acte d'hostilité, ne serait pas considéré

comme belligérant. S'il était pris, il serait traité plus rigoureuse-
ment qu'un prisonnier de guerre et pourrait même être mis à
mort.

« A plus forte raison, les habitants du pays sont-ils tenus de
s'abstenir des actes qui sont défendus même aux soldats; ces
actes sont notamment : employer du poison ou des armes empoi-
sonnées, tuer ou blesser par trahison des individus appartenant
à l'armée ou à la nation de l'envahisseur ; tuer ou blesser un ennemi qui, ayant mis bas les armes ou n'ayant plus les moyens de
se défendre, s'est rendu à discrétion. »

De plus, le ministre de l'Intérieur fit publier journellement dans
les journaux de tous partis et dans le pays entier, en caractères
gras, les recommandations suivantes :

« AUX CIVILS,

« Le ministre de l'Intérieur recommande aux civils, si l'ennemi
se montre dans leur région :

« De ne pas combattre ;

« De ne proférer ni injures ni menaces ;

« De se tenir à l'intérieur et de fermer les fenêtres afin qu'on
ne puisse dire qu'il y a eu provocation ;

« Si les soldats occupent, pour se défendre, une maison ou un
hameau isolé, de l'évacuer, afin qu'on ne puisse dire que les civils
ont tiré ;

« L'acte de violence commis par un seul civil serait un véritable crime que la loi punit d'arrestation et condamne, car il
pourrait servir de prétexte à une répression sanglante, au pillage
et au massacre de la population innocente, des femmes et des
enfants. »

Encore le 30 septembre 1914, alors qu'une partie du pays jusqu'alors inviolée paraissait menacée, le ministre de l'Intérieur
prenait soin de rappeler aux autorités communales et aux populations « que les habitants n'appartenant pas à l'armée doivent
s'abstenir soigneusement de tout acte d'hostilité contre les troupes
étrangères ».

EXTRAITS

LETTRE PASTORALE

DE

S. Ém. le Cardinal MERCIER
ARCHEVÊQUE DE MALINES

Malines, Noël 1914.

. . . .

Moins que personne, peut-être, j'ignore ce qu'a souffert notre pauvre pays. Et aucun Belge ne doutera, j'espère, du retentissement, en mon âme de citoyen et d'évêque, de toutes ces douleurs. Ces quatre derniers mois me semblent avoir duré un siècle.

Par milliers, nos braves ont été fauchés; les épouses, les mères pleurent des absents qu'elles ne reverront plus; les foyers se vident; la misère s'étend, l'angoisse est poignante. A Malines, à Anvers, j'ai connu la population de deux grandes cités livrées, l'une durant six heures, l'autre durant trente-quatre heures d'un bombardement continu, aux affres de la mort. J'ai parcouru la plupart des régions les plus dévastées du diocèse : Duffel, Lierre, Berlaer, Saint-Rombaut, Konings-Hoyckt; Mortsel, Waelhem, Muysen, Wavre-Sainte-Catherine, Wavre-Notre-Dame; Sempst, Weerde, Eppeghem; Hofstade, Elewyt; Rymenam, Boortmeerbeek, Wespelaer, Haecht, Werchter-Wackerzeel, Rotselaer, Tremeloo; Louvain et les agglomérations suburbaines, Blauwput,

Kessel-Loo, Boven-Loo, Linden, Hérent, Thildonck, Bueken, Relst; Aerschot, Wesemael, Hersselt; Diest, Schaffen, Molenstede, Rillaer, Gelrode, et ce que j'y ai vu de ruines et de cendres dépasse tout ce que, malgré mes appréhensions pourtant très vives, j'avais pu imaginer. Certaines parties de mon diocèse, que je n'ai pas encore trouvé le temps de revoir, Haekendover, Roosbeek, Bautersem, Budingen, Neer-Linter; Ottignies, Mousty, Wavre; Beyghem, Capelle-au-Bois, Humbeek, Nieuwenrode, Liezele, Londerzeel; Heyndonck, Mariekerke, Weert, Blaesveld, ont subi les mêmes ravages. Églises, écoles, asiles, hôpitaux, couvents, en nombre considérable, sont hors d'usage ou en ruine. Des villages entiers ont quasi disparu. A Werchter-Wackerzeel, par exemple, sur 380 foyers, il en reste 130; à Tremeloo, les deux tiers de la commune sont rasés; à Bueken, sur 100 maisons, il en reste 20; à Schaffen, d'une agglomération de 200 habitations, 189 ont disparu, il en reste 11. A Louvain, le tiers de l'étendue bâtie de la cité est détruit; 1.074 immeubles ont disparu; sur le territoire de la ville et des communes suburbaines, Kessel-Loo, Hérent et Héverlé, réunies, il y a un total de 1.828 immeubles incendiés.

Dans cette chère cité louvaniste, dont je ne parviens pas à détacher mes souvenirs, la superbe collégiale de Saint-Pierre ne recouvrera plus son ancienne splendeur; l'antique collège Saint-Ives; l'école des Beaux-Arts de la ville; l'école commerciale et consulaire de l'Université, les halles séculaires, notre riche bibliothèque, avec ses collections, ses incunables, ses manuscrits inédits, ses archives; la galerie de ses gloires depuis les premiers jours de sa fondation, portraits des recteurs, des chanceliers, des professeurs illustres, au spectacle desquels, maîtres et élèves d'aujourd'hui s'imprégnaient de noblesse traditionnelle et s'animaient au travail : toute cette accumulation de richesses intellectuelles, historiques, artistiques, fruit de cinq siècles de labeur, tout est anéanti.

De nombreuses paroisses furent privées de leur pasteur. J'entends encore l'accent douloureux d'un vieillard à qui je demandais s'il avait eu la messe, le dimanche, dans son église ébréchée : « Voilà deux mois, me répondit-il, que nous n'avons plus vu de prêtre. » Le curé et le vicaire étaient dans un camp de concentration à Munsterlagen, non loin de Hanovre.

Le Collège des Provisers de Saint-Julien-des-Belges a l'honneur de vous inviter au service religieux qu'il fera célébrer le Vendredi 22 Janvier, à 11 heures, pour le repos de l'âme des Prêtres et Religieux, mis à mort par les troupes allemandes au cours de l'invasion de la Belgique.

Vous en trouverez ci-contre une première liste.

A cause de l'exiguïté de l'Église Nationale, le service religieux aura lieu dans l'ÉGLISE DES STIGMATES, à l'angle de la Via dei Cestari et du Corso Vittorio Emanuele.

Le Président
BARON D'ERP, Ministre de Belgique près le Saint-Siège

Le Secrétaire:
C. DE T' SERCLAES, Président du Collège Belge.

M. VAES, Recteur de Saint-Julien-des-Belges
OSCAR BOLLE.
G. KURTH, Directeur de l'Institut historique Belge
A. POTTIER, Chanoine de Sainte-Marie-Majeure

DIOCÈSE DE LIÈGE.

L'abbé O Chabot, curé de Forêt.
L'abbé J. Dossogne, curé de Hockay.
L'abbé F. Jansen, curé de Heure-le-Romain.
L'abbé R. Labeye, curé de Blegny.
L'abbé B. Rensonnet, vicaire d'Olne.
L'abbé E. Tielen, curé de Haccourt.

DIOCÈSE DE MALINES.

L'abbé R. Cabette, professeur au Collège Saint-Pierre à Louvain.
L'abbé H. De Clise, curé de Burbon, près de Louvain.
L'abbé P. Descent, curé de Gelrode.
L'abbé J. Goris, curé de Autgaden.
L'abbé E. Lombaerts, curé de Bovenloo, près de Louvain.
L'abbé Van Bladel, curé de Hérent, près de Louvain.
Le R. P. Dupierreux, Jésuite de Louvain.
Le R. P. Vincent Sombroek, conventuel de Louvain.
Le R. P. Van Holmen, capucin, de Louvain.
Le R. Chanoine-Prémontré J Wouters, curé de Pont-Brûlé.
Le Frère Allard (dans le monde F Forget), religieux joséphite de Louvain.
Le Frère Sébastien (dans le monde Al. Strautman), religieux joséphite de Louvain.
Le Frère Candide (dans le monde Al. Piret), des Frères de la Miséricorde de Blauwput, près de Louvain.

DIOCÈSE DE TOURNAI

L'abbé E. Devet, curé d'Acoz.
L'abbé J. Pollart, curé de Roubies.

DIOCÈSE DE NAMUR.

L'abbé J Alexandre, curé de Alyeay-la-Ville
L'abbé A Ambroise, curé d'Onhaye
L'abbé Bilaude, aumônier des sourds-muets à Bouge
L'abbé Bernaers, professeur au Collège Saint-Louis à Namur
L'abbé Docq, professeur au Collège de Virton.
L'abbé G Gaspar, professeur au Collège de Belle-Vue à Dinant
L'abbé J Georis, curé de Tintigny
L'abbé P Gille, docteur en Théologie de l'Université Grégorienne vicaire de Cousin
L'abbé Clouden, curé de Latour
L'abbé Hottlet, curé de Les Alloux
L'abbé J Lahes, curé de Spontin
L'abbé Maréchal, séminariste, de Massen
L'abbé Patron, vicaire de Dury
L'abbé Piret, vicaire d'Etalle
L'abbé Piedboeuf, curé de Châtillon
L'abbé Piret, curé d'Anthée
L'abbé Posein, curé de Surice
L'abbé E Schlögel, curé de Harbaries
L'abbé Zender, curé versaté
L. R. P Gilles, bénédictin de l'abbaye de Marodsous
Le Chanoine Nicolas, de l'abbaye des Prémontrés de Leffe.

Le Collège des Provisers recommande également à vos charitables prières l'âme de Monsieur N Pontmière et de Monsieur V Lemertz, professeurs à l'Université Catholique de Louvain, fusillés par les troupes allemandes.

Un nombre considérable de prêtres et religieux catholiques ont été tués par les Allemands en Belgique. La Commission d'enquête n'en possède pas encore le relevé complet ; elle le publiera dès qu'il lui sera possible de le dresser. Voici, en *fac-similé*, l'invitation au service religieux célébré à Rome, le 22 janvier, à l'intention des prêtres et religieux mis à mort par les troupes allemandes. Une première liste de victimes est jointe à cette invitation...

Des milliers de citoyens belges ont été ainsi déportés dans les
prisons d'Allemagne, à Munsterlagen, à Celle, à Magdebourg.
Munsterlagen seul a compté 3.100 prisonniers civils. L'histoire
dira les tortures physiques et morales de leur long calvaire.

Des centaines d'innocents furent fusillés ; je ne possède pas au
complet ce sinistre nécrologe, mais je sais qu'il y en eut, notamment, 91 à Aerschot et que là, sous la menace de la mort, leurs
concitoyens furent contraints de creuser les fosses de sépulture.
Dans l'agglomération de Louvain et des communes limitrophes,
176 personnes, hommes et femmes, vieillards et nourrissons
encore à la mamelle, riches et pauvres, valides et malades, furent
fusillées ou brûlées.

Dans mon diocèse seul, je sais que treize prêtres ou religieux
furent mis à mort (¹). L'un d'eux, le curé de Gelrode, est, selon
toute vraisemblance, tombé en martyr. J'ai fait un pèlerinage à
sa tombe et, entouré des ouailles qu'il paissait, hier encore, avec
le zèle d'un apôtre, je lui ai demandé de garder du haut du ciel,
sa paroisse, le diocèse, la patrie.

Nous ne pouvons ni compter nos morts, ni mesurer l'étendue
de nos ruines. Que serait-ce, si nous portions nos pas vers les
régions de Liége, de Namur, d'Andenne, de Dinant, de Tamines,
de Charleroi ; vers Virton, la Semois, tout le Luxembourg ; vers
Termonde, Dixmude, nos deux Flandres (²) ?

---

(1) Leurs confrères en religion ou dans le sacerdoce seront soucieux de
connaître leurs noms ; les voici : Dupierreux, de la Compagnie de Jésus ; les
frères Sébastien et Allard, de la Congrégation des Joséphites ; le frère Candide, de la Congrégation des frères de la Miséricorde ; le père Maximin,
Capucin, et le père Vincent, Conventuel ; Lombaerts, curé à Boven-Loo ;
Gioris, curé à Autgaerden ; l'abbé Carette, professeur au collège épiscopal de
Louvain ; de Clerck, curé à Bueken ; Dergent, curé à Gelrode ; Wouters
Jean, curé au Pont-Brûlé. Diverses circonstances nous induisent à penser que
le curé de Hérent, M. Van Bladel, vénérable vieillard de soixante et onze ans,
a aussi été tué ; cependant, jusqu'à cette heure, son cadavre n'a pas été
retrouvé.

(2) Je disais qu'il y a eu treize ecclésiastiques fusillés dans le diocèse de
Malines. Il y en a, à ma connaissance actuelle, plus de trente dans les dio-
cèses de Namur, de Tournai et de Liége : Schlögel, curé d'Hastière ; Gille,
curé de Couvin ; Pieret, vicaire à Étalle ; Alexandre, curé à Mussy-la-Ville ;
Maréchal, séminariste de Maissin ; le R. P. Gillet, Bénédictin de Maredsous ;
le R. P. Nicolas, Prémontré de l'abbaye de Leffe, deux frères de la même
abbaye ; un frère de la Congrégation des Oblats ; Poskin, curé de Surice ;
Hottlet, curé des Alloux ; Georges, curé de Tintigny ; Glouden, curé de Latour ;
Zenden, curé retraité à Latour ; l'abbé Jacques ; Druet, curé d'Acoz ; Pollart,

TABLE DES MATIÈRES

LES LIVRES PROPHÉTIQUES

La France victorieuse dans la Guerre de demain. *Étude stratégique,* par le colonel Arthur Boucher. (1911.) Édition revue et corrigée. 23ᵉ mille. 1915. Un volume in-8, avec 9 tableaux et 3 cartes, broché . . . . **1 fr. 25**

L'Offensive contre l'Allemagne. *Étude stratégique,* par le même. (1911.) Édition revue et corrigée. 14ᵉ mille. 1915. Un volume in-8, avec 3 cartes, broché . . . **1 fr.**

La Belgique à jamais indépendante. *Étude stratégique,* par le même. 5ᵉ mille. 1915. Un volume in-8, avec 2 cartes, broché . . . . **1 fr.**

L'Allemagne en péril. *Étude stratégique,* par le même. 5ᵉ mille. 1915. Un volume in-8, avec 6 croquis, broché . . . . **2 fr. 50**

La Protestation de l'Alsace-Lorraine les 17 février et 1ᵉʳ mars 1871, à Bordeaux, par Henri Welschinger, de l'Institut de France. 1914. Un volume grand in-8, avec 1 planche, 2 fac-similés et la carte des exigences de la Prusse, broché . . . **1 fr.**

Nos Frontières de l'Est et du Nord. *L'offensive par la Belgique. La défense de la Lorraine,* par le général Maitrot. 8ᵉ édition. 1914. Un volume grand in-8, avec 8 cartes et 3 croquis, broché . . . . **2 fr. 50**

Les Armées française et allemande. *Leur artillerie, leur fusil, leur matériel. Comparaison,* par le général Maitrot. 1914. Un volume in-18, broché . . . **1 fr.**

Questions de Défense nationale, par le général Langlois, ancien membre du Conseil supérieur de guerre. 1906. Un volume in-12, broché . . . . . **3 fr. 50**

Opinions allemandes sur la Guerre moderne, d'après les principaux écrivains militaires allemands (von Bernhardi, von der Goltz, von Schlieffen, Balck, etc.). — *Les Bases de l'Art de la Guerre. Armement et Technique modernes. — Méthodes de commandement. Mécanisme des marches. L'Offensive et la Défensive. — Principes fondamentaux de la Stratégie et de la Tactique. Conduite des opérations. Opérations sur mer.* 1912. Trois volumes grand in-8, brochés . . . . **3 fr.**

La Guerre au vingtième siècle. *Essais stratégiques,* par le lieutenant-colonel Henri Mordacq. 1914. Un volume in-12, avec 2 cartes in-folio, broché . **3 fr. 50**

Les Armements allemands. La Riposte, par le capitaine Pierre Félix. 1912. Un volume in-8 de 137 pages, broché . . . . **1 fr.**

> « Contre les armements inquiétants provoqués par la Prusse, l'Europe doit s'unir pour sa libération et sa paix définitives. »

Le Pangermaniste en Alsace, par Jules Fabrega. (1913.) 10ᵉ mille. 1915. Un volume in-12, avec 16 dessins par Hansi, broché . . . . **75 c.**

Force au Droit (*Question d'Alsace-Lorraine*), par H. Maringer. 1913. Un volume in-12, avec 2 cartes dressées par le lieutenant Lapointe, broché . . . . **3 fr. 50**

La Prochaine Guerre, par Charles Malo. Avec une Préface par Henri Welschinger, de l'Institut. 1912. Nouveau tirage. 1915. Un volume grand in-8, broché . . . . **2 fr.**

Mes Souvenirs, 1850-1914, par Auguste Lalance. Préface par Ernest Lavisse, de l'Académie Française. 1914. Un volume grand in-8, broché . . . . **4 fr. 50**

Vient de paraître

LA NEUTRALITÉ DE LA BELGIQUE

Préface de M. PAUL HYMANS, ministre d'État

Un volume in-12 de 168 pages, broché . . . . **1 fr.**

LIBRAIRIE MILITAIRE BERGER-LEVRAULT

PARIS, 5-7, RUE DES BEAUX-ARTS — RUE DES GLACIS, 18, NANCY

PAGES D'HISTOIRE, 1914-1915
Série de fascicules in-12, brochés.

NANCY-PARIS, IMPRIMERIE BERGER-LEVRAULT

www.ingramcontent.com/pod-product-compliance
Lightning Source LLC
Chambersburg PA
CBHW060800110426
42739CB00032BA/2123